CB078832

MOTOROLA
vivo

Brasil 1

vivo

vivo
QUALCOMM
MOTOROLA
HSBC

VOLVO
OCEAN
RACE

SAILOR
NIVEA
SUN
ThyssenKrupp
HSBC
BRASIL

SAILOR

VOLVO OPEN 70
SWE 1876
TAKING YOU FORWARD
SONY
ERICSSON
NED 1
NED 2
ABN AMRO
BRA 1
BRASIL
vivo
brunel

SONY
Sony Ericsson
ERICSSON
QUALCOMM
MOTOROLA
Brasil

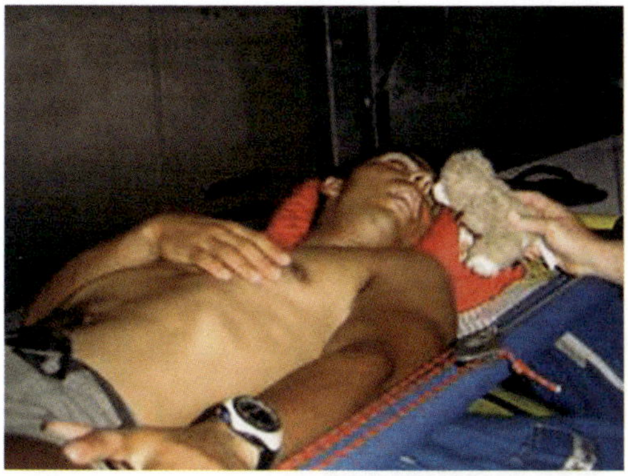

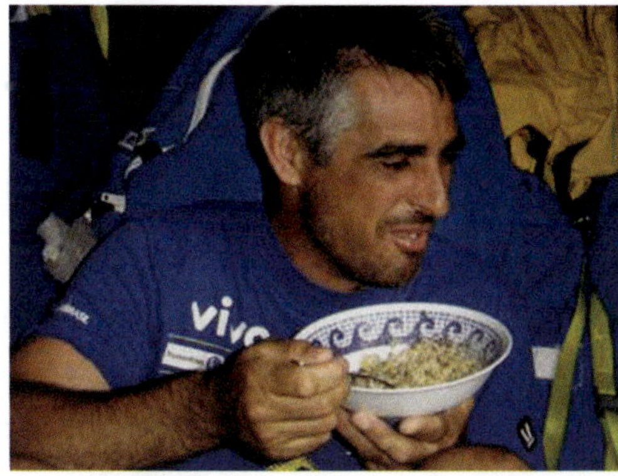

vivo

VOLVO
VOLVO
VOLVO
Thrane & Thrane
inmarsat
VOLVO OCEAN RACE
SCHENKER
Logistics

BRASIL
BRA 1
vivo
vivo
MOTOROLA
QUALCOMM
ThyssenKrupp
AgoraSenior
VARIG
vivo

LOBOS DO MAR

TORBEN GRAEL
em depoimento a Murillo Novaes

LOBOS DO MAR

Os brasileiros na regata de volta ao mundo

OBJETIVA

DEDICATÓRIA

A minha querida mãe, e madrinha do *Brasil 1*,
Ingrid Schmidt Grael.

A minha família, Andrea, Marco e Martine, pelo apoio
e compreensão temperados por muita saudade.

AGRADECIMENTOS

Os autores gostariam de agradecer a algumas pessoas que foram fundamentais na realização do Projeto *Brasil 1* e na confecção deste livro. Em primeiro lugar, aos ex-ministros Luiz Fernando Furlan e Agnelo Queiroz, e ao ex-presidente da Vivo, Francisco Padinha, que desde o primeiro momento acreditaram no potencial da equipe e não mediram esforços para que ela existisse. Assim como seus sucessores, Orlando Silva Jr., no Ministério dos Esportes, e Roberto Lima, na presidência da Vivo, que continuaram apoiando o projeto. Também pudemos contar sempre com o ex-ministro Walfrido dos Mares Guia. Agradecemos também, coletivamente, a todos os patrocinadores do time: Vivo, Motorola, Qualcomm, HSBC, Nivea, Ágora Senior, Thyssen Krupp, Embraer, Portugal Telecom e Apex. E, claro, a todas as empresas apoiadoras. Ao Alan Adler e ao Enio Ribeiro, pelo pioneirismo e pela ousadia de sonhar tão alto. Aos "amigos da vela", que com seu desprendimento e apoio pessoal, inclusive financeiro, deram o suporte inicial ao *Brasil 1*. A toda a equipe administrativa da Vela Brasil, pela colaboração incansável. A nossa valorosa equipe de terra, que sempre esteve lá quando precisamos. Aos competentes assessores de imprensa da ZDL, especialmente o Bruno Doro, que também deu uma volta ao mundo, só que de avião. À imprensa brasileira em geral, que soube valorizar e incentivar o nosso time. A Luiz Fernando Lima e equipe, por acreditar na vela e permitir que nosso país assistisse, pela primeira vez, a uma regata ao vivo na TV. À Boteco 1, a primeira e única torcida organizada de vela do Brasil, em nome de quem agradecemos aos milhares de fãs e torcedores que, com sua boa energia, nos ajudaram pelo mundo todo. Ao Comitê Olímpico Brasileiro e à Confederação Brasileira de Vela e Motor, cujo apoio institucional foi inestimável. A Roberto Feith, Isa Pessôa, Helena Carone e Bruno Porto, da Editora Objetiva, pela paciência em co-gestar esta obra. Ao José Luiz Azeredo, o Zelão, que nos abriu muitas portas no começo do projeto. E, por fim, a todos os nossos familiares e amigos, que com seu amor, generosidade, carinho e dedicação nos permitiram viver estes dias maravilhosos e escrever este relato.

SUMÁRIO

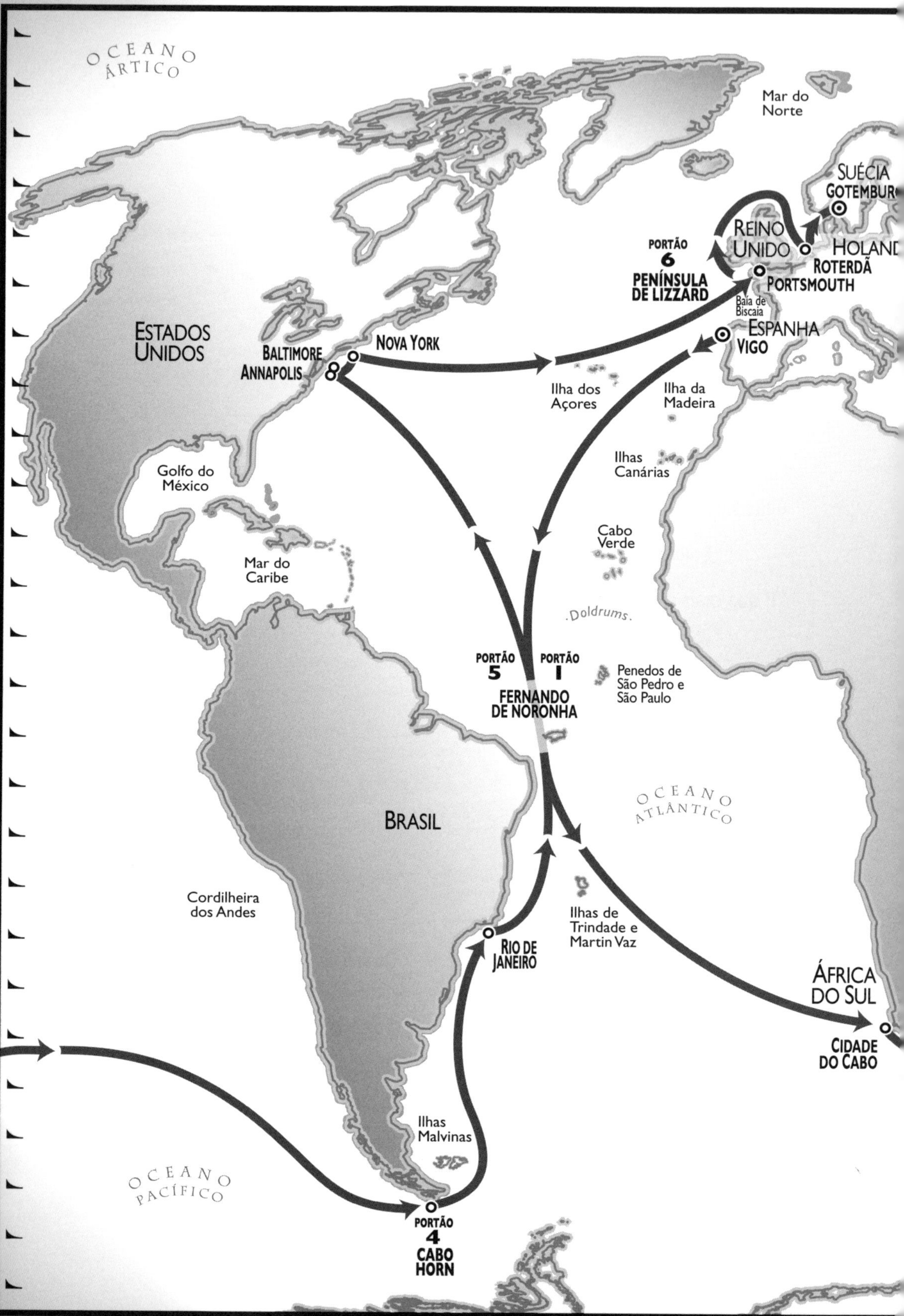

OCEANO ÁRTICO
Mar do Norte
SUÉCIA
GOTEMBURG
REINO UNIDO
HOLAND
PORTÃO 6
PENÍNSULA DE LIZZARD
ROTERDÃ
PORTSMOUTH
Baía de Biscaia
ESPANHA
VIGO
ESTADOS UNIDOS
BALTIMORE
ANNAPOLIS
NOVA YORK
Ilha dos Açores
Ilha da Madeira
Ilhas Canárias
Golfo do México
Cabo Verde
Mar do Caribe
Doldrums
PORTÃO 5
PORTÃO 1
FERNANDO DE NORONHA
Penedos de São Pedro e São Paulo
OCEANO ATLÂNTICO
BRASIL
Cordilheira dos Andes
Ilhas de Trindade e Martin Vaz
RIO DE JANEIRO
ÁFRICA DO SUL
CIDADE DO CABO
Ilhas Malvinas
OCEANO PACÍFICO
PORTÃO 4
CABO HORN

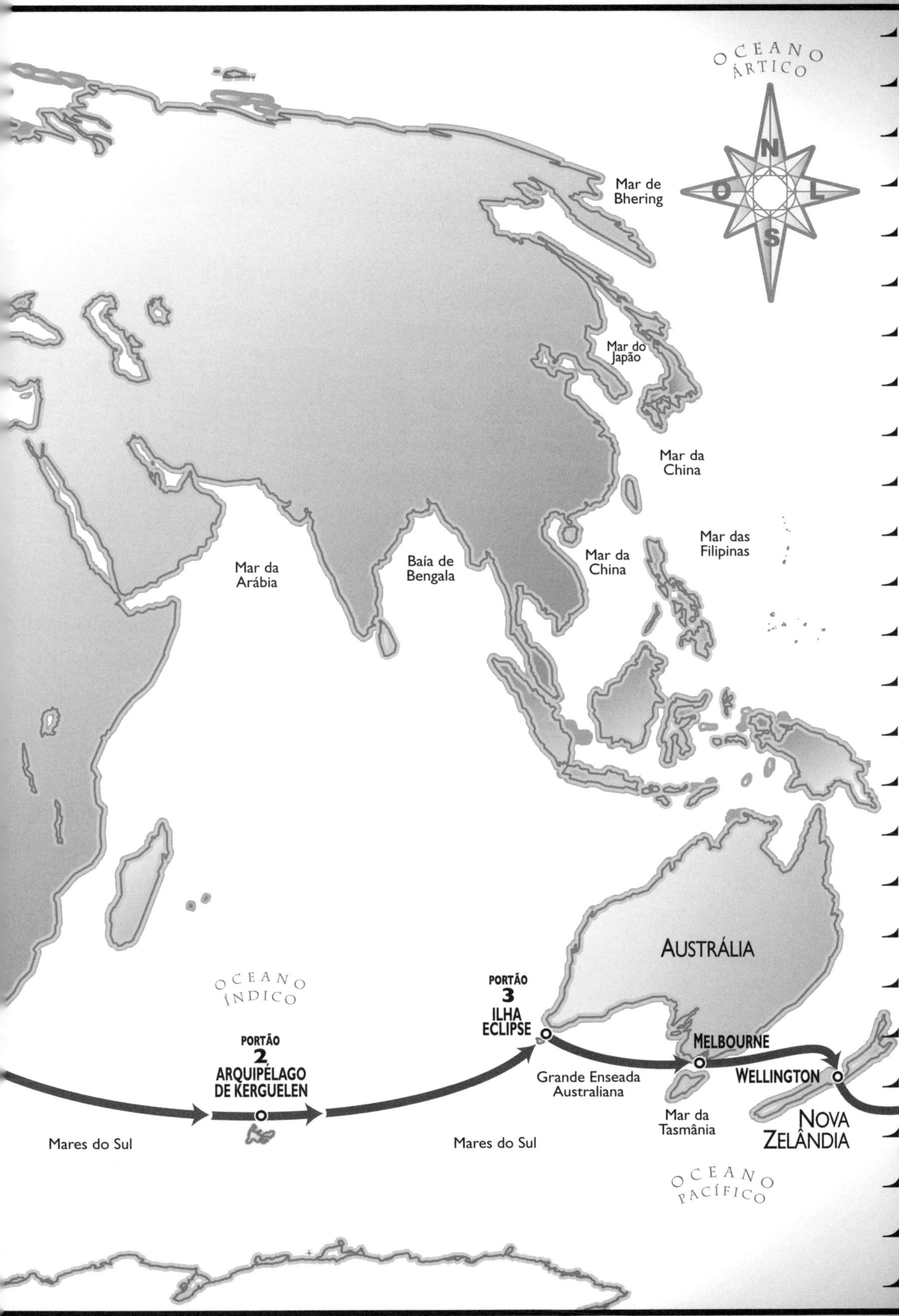
OCEANO ÁRTICO
N
O
L
S
Mar de Bhering
Mar do Japão
Mar da China
Mar das Filipinas
Mar da China
Mar da Arábia
Baía de Bengala
AUSTRÁLIA
OCEANO ÍNDICO
PORTÃO 3 ILHA ECLIPSE
PORTÃO 2 ARQUIPÉLAGO DE KERGUELEN
MELBOURNE
WELLINGTON
Grande Enseada Australiana
Mar da Tasmânia
NOVA ZELÂNDIA
Mares do Sul
Mares do Sul
OCEANO PACÍFICO

ERICSSON
Heineken
DIMENSION DATA
vivo
vivo

O BRASIL 1 *GANHA A PISTA*

Nos testes do veleiro na Espanha, imprensa e amigos aproveitam para conhecer o barco

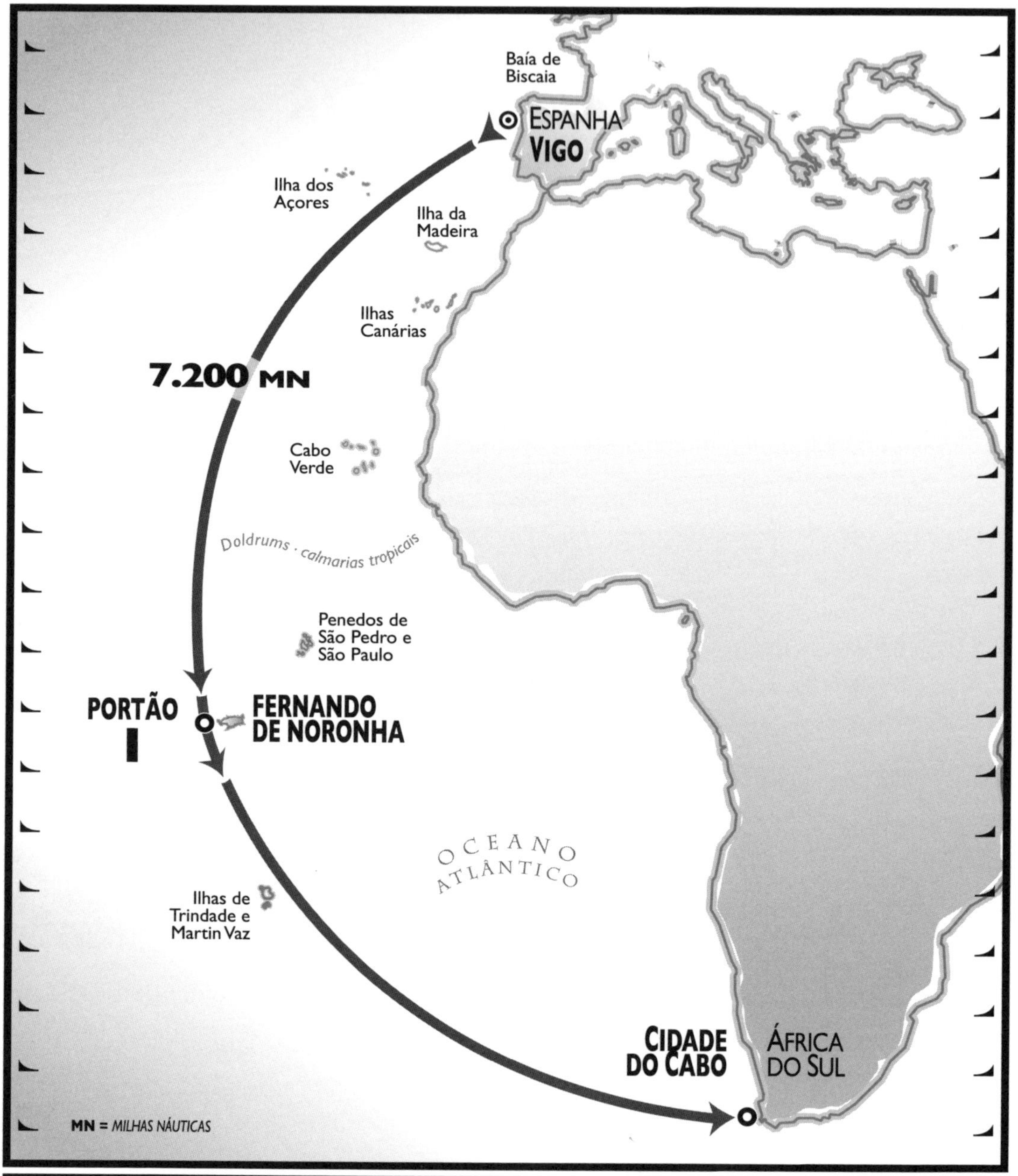

PRIMEIRA PERNA: Vigo – Cidade do Cabo

— **VÊ SE NÃO VAI MORRER**, hein? O Brasil precisa de você!

Eu ali com a vida de nove companheiros sob minha responsabilidade em um barco completamente novo para todos. A classe VO70 havia sido criada para aquela edição da regata de volta ao mundo e era uma besta-fera oceânica pouco testada, projetada para viajar sobre a água em velocidades nunca alcançadas por outro veleiro. Com uma previsão de tempo que dava arrepios na espinha. E o camarada vem falar em morte? Procurei esquecer, sem saber, naquele momento, que meses mais tarde o oceano tiraria, de fato, a vida de um de nós.

A multidão se aglomerava. O cheiro forte das algas, grudadas nas pedras do cais de Vigo, na Espanha, impregnava o ar na maré ainda baixa. Rostos conhecidos se misturavam aos anônimos que iam ali ver a saída de mais uma edição da Volvo Ocean Race, o nome pelo qual se chamava, desde 2001, a regata de volta ao mundo. O ronco dos motores dos aviões da esquadrilha da fumaça, de quando em quando, enchia o ar, tornando quase impossível ouvir o barulho da turba que aumentava. Mal pude escutar quando o velejador Alan Adler, um dos principais responsáveis pela realização daquele sonho, me disse:

— Eu ainda não acredito que estamos aqui.

Alan tinha razão. O fato de estarmos naquele píer era algo inédito na história do Brasil e fruto de anos e anos de preparação e sonho. Nossa nau azul e amarela, as cores da bandeira nacional, repousava tranqüilamente. Mas na calma aparente do porto, o *Brasil 1*, nosso veleiro de 70 pés de fibra de carbono, pulsava como um cavalo de corrida preso ao padoque, prestes a ganhar a pista.

Alguns dias antes, perto dali, em outra *ria*, como são chamadas as baías compridas e estreitas da Galícia, no noroeste espanhol, tinha acontecido a primeira regata de porto da Volvo Ocean Race, uma novidade nesta edição da volta ao mundo que fora introduzida com o intuito de aproximar os barcos do público e da mídia.

O fato de já termos cruzado o Atlântico, feito um treinamento em Portugal e tirado segundo lugar na regata de porto não significava muita coisa em termos de experiência prévia. Eu sabia que um dos grandes problemas do nosso time era justamente a falta de tempo adequado para treinar, já que o barco ficara pronto apenas quatro meses antes da largada.

Minha mulher, Andrea, passou por mim e, com um sorriso que misturava alegria e apreensão, perguntou:

— Tudo bem?

— Claro!

Respondi sem me dar conta de que eu mesmo me perguntava inúmeras vezes se estaria tudo bem.

Quando decidimos correr todos os riscos de tentar, pela primeira vez, colocar um barco brasileiro em uma competição de tão alto nível tecnológico, sabíamos que o mundo nos olharia com ceticismo. "Os brasileiros são especializados em regatas curtas", diziam as revistas náuticas. "Será que, além de jogar bola, os brasileiros sabem velejar no oceano?", questionava em um artigo o jornalista espanhol de um periódico popular local.

Cabia a nós, e mais ainda a mim, mostrar ao mundo que eles estavam errados. Que um barco de altíssimo nível, totalmente construído no Brasil, com a tripulação mais nacional de todos os sete barcos participantes da regata — éramos seis brasileiros a bordo —, poderia, sim, competir de igual para igual com a tradição de suecos, holandeses, espanhóis e americanos. E mais, poderia eventualmente vencê-los.

Nossa boa performance na primeira regata de porto, disputada entre bóias, como nas olimpíadas, e ainda por cima com ventos fracos, teoricamente a nossa especialidade, não contradizia o preconceito de que a tripulação brasileira que eu escolhi, deliberadamente, com os melhores velejadores olímpicos de nosso país, não era afeita à vela *offshore*, ou seja, realizada longe da costa.

Naquela manhã, com milhares de pessoas cercando os barcos no porto de Vigo e a imprensa do mundo inteiro apontando suas câmeras para nós, eu mal tinha tempo de pensar como seria, de fato, aquela primeira noite de competição no oceano. As previsões diziam que um ciclone de baixa pressão se formava sobre a Península Ibérica. Isso associado à alta pressão que estava a oeste da costa da Galícia era quase um sistema meteorológico perfeito para velejar, e teríamos ventos muito fortes na madrugada. Naquele momento, uma fraca brisa de oeste penetrava na *ria* de Vigo e fazia os já numerosos veleiros que pretendiam acompanhar nossa largada se moverem em câmera lenta.

Adrienne Cahalan, nossa navegadora australiana e única mulher a velejar nesta edição da regata, já me alertara que teríamos condições duras logo na costa espanhola. Nosso planejamento era minucioso e, em termos físicos, estávamos preparados para qualquer coisa. Mas a brincadeira de alguém, dizendo para eu não morrer, revelou a tensão psicológica daquele momento no ponto exato que eu mais queria evitar. De fato, era possível que aquela aventura terminasse mal.

Quanto mais os ponteiros se aproximavam das 13 horas, mais meu coração acelerava. Olhando para os tripulantes do *Brasil 1*, com seus amigos e parentes em despedidas emocionadas e tocantes, eu percebia a dimensão épica da jornada que iria se iniciar. Cada um daqueles homens, desde Marcelo Ferreira, meu companheiro de vela há mais de vinte anos, acostumado à pressão das grandes decisões, até os jovens André Fonseca e João Signorini, que, depois das Olimpíadas de Atenas, começavam a escrever ali os capítulos mais importantes de suas carreiras internacionais, todos demonstravam um misto de excitação e ansiedade. Uma mistura de coragem e curiosidade. E um receio saudável do que viria e um desejo imenso de partir.

Quando, finalmente, o canhão do navio da armada espanhola invadiu o ar com seu estrondo, anunciando a largada, nosso foco já estava no barco e no máximo que poderíamos extrair dele em todos os momentos da competição. Sabíamos que nosso veleiro era artesanato de alta performance. Desde aquele primeiro segundo, em Vigo, até o final da Volvo Ocean Race, teríamos que medir o risco de andar no limite, podendo danificar algum equipamento, com o desafio de obter sempre a maior velocidade possível. Além de uma aventura, aquilo era também uma competição. A nós não interessava apenas dizer "demos uma volta ao mundo". Éramos esportistas e queríamos, acima de tudo, vencer a regata.

Novamente largamos mal! — pensei, rapidamente, lembrando-me da regata de porto de uma semana antes, em Sanxenxo. O *Brasil 1* andava pouco, mesmo no vento fraco, que em teoria favorecia os barcos projetados por Bruce Farr, como era o nosso caso. O espanhol Chunny Bermudez timoneava o veleiro, enquanto eu fazia a tática — olhava ao redor em busca do melhor vento e antecipava as manobras.

Talvez, por um lapso, nós tenhamos perdido a concentração tão importante nas largadas, mas isso pouco importava agora. Lógico que sair na frente é sempre bom, mas, em regatas oceânicas, há tempo de sobra para se recuperar, e o verdadeiro xadrez tático, jogado contra os outros competidores e a meteorologia, era o que iria determinar nossa sorte no final.

Quando cruzamos a última bóia, que a organização coloca para que os barcos naveguem perto do público e da cidade, já estávamos em terceiro lugar e sentíamos o barco fluir com desenvoltura. Foi quando entrou uma nuvem negra, vinda do norte, e com ela um vento bem mais forte. Ali percebi, pela primeira vez, o quanto seria difícil bater o *ABN1*, único VO70 de segunda geração na competição. O barco negro holandês era uma evolução do seu irmão *ABN2*, de casco branco. O veleiro, que, na verdade, não contava com sequer um cidadão da Holanda, passou por nós como uma flecha e logo tomou a liderança no caminho do mar alto. Vento forte e de través folgado — vindo pela lateral e por trás do barco —, essa era a condição que fazia voar o *ABN1*.

Mas nada intimidaria aquela turma de brasileiros que estava ali pela primeira vez. Nem o frio intenso que quase cortava nossa pele, nem o mar tenebroso com o qual nos deparamos logo que colocamos a cara para fora da *ria*. Os últimos barcos, das centenas que estavam nos acompanhando desde a largada, insistiam em acelerar ao nosso lado, e os ruidosos helicópteros de fotógrafos e cinegrafistas ainda cortavam o ar quando percebi que, no calor da largada, nem eu nem ninguém no *Brasil 1* estava vestido com as roupas de mau tempo, adequadas para aquela situação caótica no Atlântico. A volta ao mundo havia começado há menos de duas horas e nós já estávamos completamente encharcados, gelados e ofegantes.

O cenário fora da *ria* de Vigo era assustador. Céu cinza, muito cinza, com nuvens negras, baixas, ora descarregando uma chuva fria, ora acelerando o vento, muitas vezes fazendo os dois. Até ali, nós havíamos velejado praticamente só no contravento, indo com o barco em direção ao vento. E agora, com a brisa forte do norte, velejávamos a favor do vento, com o balão — a enorme vela redonda de proa que aproveita ao máximo o vento vindo pela popa — em cima. O barco surfava feito louco na descida das ondas de norte, ou batia violentamente nos vagalhões remanescentes de outra direção, que vinham contra nós e molhavam a tudo e a todos, o tempo inteiro.

Dentro do barco, que por motivos de peso já é completamente espartano, entravam verdadeiras cachoeiras de água salgada em diversos pontos de vazamento que ainda não haviam sido identificados e sanados. De vez em quando, algum fio elétrico espocava, nos lembrando que água e eletrônicos não são lá os melhores amigos. O porão do *Brasil 1* parecia uma piscina e as bombas elétricas trabalhavam sem parar.

O sistema de turnos que usamos no oceano nem havia começado e praticamente todos os dez tripulantes, menos a navegadora, sempre atenta ao computador de bordo, estavam no convés. Neste momento Marcelo Ferreira, com seu humor característico, lançou a frase:

— Se eu soubesse, malandro, que ia ser assim, tinha descido em Fernando de Noronha.

Apesar do sorriso que esbocei, no meu íntimo pensei a mesma coisa. Que frio! Que começo! Já em pé na pequena plataforma que fica por trás da roda do leme e ajuda o timoneiro a enxergar o barco, eu via o *Brasil 1* cavalgar o mar com bravura quase irresponsável. A cada caturrada — quando o barco bate nas ondas – e a cada aterrissada subseqüente parecia que tudo iria se partir a qualquer momento.

Quando a noite veio, piorou. O vento chegou a quase 45 nós sustentados, o mar engrossou ainda mais. A ausência de luz, naturalmente, torna o ofício de timonear o barco e observar as ondas muito mais difícil. Para piorar, estávamos em penúltimo lugar, à frente apenas dos australianos do *Brunel* que, por problemas financeiros, eram "café com leite". Não contavam. Que raiva!

Quanto mais caprichávamos nos ajustes das velas e na tocada do barco, mais as coisas ficavam assustadoras. O *Brasil 1* agora velejava a incríveis 30 nós, a velocidade de cruzeiro da maioria das lanchas em mar liso. Os homens já completamente exaustos e molhados tinham trocado a feliz sensação de começar a regata por uma emoção difusa entre a excitação da adrenalina e a preocupação com a integridade do veleiro. Eu apenas assistia ao espetáculo de frio, dor, espuma, sal e aceleração que nosso barco proporcionava a cada solavanco naquela montanha-russa de ondas desajustadas.

Nos poucos instantes em que eu conseguia pensar em alguma coisa que não fosse o veleiro e sua navegação naquele precipício infinito, me perguntava como estariam se saindo os outros comandantes naquele batismo de fogo que se tornara nossa primeira noite no oceano. Quando Adrienne me passou os números do boletim de posições das quatro horas da manhã daquele que seria oficialmente o dia dois da regata, um alívio tomou conta de mim e de todos os outros tripulantes. Nós havíamos ultrapassado os suecos do *Ericsson* e eles estavam agora oito milhas atrás do *Brasil 1*. Melhor ainda, o líder naquele momento, o *ABN2*, estava apenas 20 milhas (36 km) na nossa frente e em uma posição que nos permitiria tentar uma aproximação.

Seis horas depois, no próximo boletim de posições, às dez horas GMT (horário de Greenwich, adotado pela maioria das navegações), nós só não comemoraríamos mais o nosso terceiro lugar, atrás apenas dos dois barcos holandeses, porque ele fora obtido à custa de dois abandonos. Os espanhóis do *Movistar* se viram em apuros depois que a colisão com um objeto flutuante avariou sua quilha e partiu seu leme. O barco dos americanos, o *Piratas*, começou a fazer água. Ambos foram obrigados a dar meia-volta e ir para a costa portuguesa em busca de abrigo, deixando oficialmente a primeira perna da regata.

Para nossa sorte, Horácio Carabelli e toda a turma que construiu o *Brasil 1* sabiam dos desafios que representava a quilha basculante, que é a enorme barbatana com um bulbo na ponta, sob o casco, que se movimenta lateralmente para fazer contrapeso. Prudentemente, ele e seus assistentes haviam reforçado tudo que dizia respeito à quilha, das anteparas — as paredes do veleiro — à famigerada peça que fica na junção da haste da quilha com o casco. Ainda bem. Essa tinha sido a vantagem fundamental que nos colocara em terceiro lugar na perna e, mais que tudo, ainda vivos, na disputa.

Quando desci para a mesa de navegação e li que a previsão para as próximas horas era de ventos de até 50 nós (quase 100 km/h), nem senti o impacto da notícia, de tão feliz que estava em saber que nosso veleiro havia sobrevivido àquela primeira noite e que a decisão de construir nossa nave no Brasil, ao contrário do que se supunha, fora um diferencial altamente positivo. Como sabor adicional, estávamos a somente 14 milhas do líder e velejando em velocidade máxima.

Poucas horas depois, às quatro da manhã da segunda noite, quando recebi o boletim de posições, uma vontade de rir me assaltou irresistivelmente. Nosso nome estava no topo da tabela, liderando naquele momento a perna e a prova como um todo, já que havíamos sido segundos na primeira regata de porto. O que estariam pensando aqueles céticos que viram em nós apenas um time exótico de um lugar distante?

Desde 1973, quando a regata de volta ao mundo foi inaugurada, os maiores navegadores do mundo sonhavam com isso, com a liderança de uma competição daquele porte. Recolhi-me ao meu beliche e, apesar do frio intenso e do desconforto da cabine molhada, dormi o melhor dos sonos.

TEMPESTADE EM TERRA

Equipe faz os últimos retoques no Brasil 1

O PROJETO do *Brasil 1* nasceu de uma mistura de audácia e "semi-irresponsabilidade". Quando, pela primeira vez, fechamos os custos totais do projeto, sabíamos o tamanho do desafio. Com todos os cortes e otimizações, o orçamento ficou próximo dos US$ 16 milhões. Quase a metade do que os times mais ricos investiriam, mas, mesmo assim, mais de vinte vezes superior ao maior patrocínio que a vela nacional obtivera até então. De início, quando resolvemos tocar o projeto, só conseguimos levantar uma parte dos recursos. Mesmo assim, assumimos o risco, que, em termos financeiros, era comparável àquele que iríamos enfrentar, meses mais tarde, no oceano. Mas tínhamos a certeza de que a adesão de mais patrocinadores era uma questão de tempo.

Para atender a um pedido de Luiz Fernando Furlan, ministro do Desenvolvimento, Indústria e Comércio na época, decidimos fazer o barco no Brasil, mais especificamente em Indaiatuba, no interior de São Paulo, e não na Nova Zelândia, nossa idéia inicial. Assim também teríamos um controle maior sobre o processo. O *Brasil 1* seria construído pela ML Boatworks, o estaleiro de Marco Landi. No dia 15 de setembro de 2004, anunciamos, em cerimônia em São Paulo, o início oficial da construção do barco em solo brasileiro.

O projetista do *Brasil 1*, Bruce Farr, era o responsável por seis dos oito campeões da regata de volta ao mundo até então, e nós tínhamos grande confiança na experiência dele e de sua equipe. Horácio Carabelli era outra peça-chave em todo o processo. Com ele à frente da equipe, que contava ainda com alguns estrangeiros, sabíamos que o *Brasil 1* seria uma das estrelas da primeira geração dos novíssimos e turbinados Volvo Open 70.

Um mês depois do anúncio oficial, eu e Alan Adler viajamos para Baltimore, nos EUA, para nos encontrar com Bruce e discutir algumas alterações no projeto original. Eram detalhes que diminuiriam os custos e melhorariam a performance do veleiro. Naquele mesmo mês, outubro de 2004, os suecos do *Ericsson* entraram oficialmente na regata. Já eram seis barcos confirmados: nós, os espanhóis e os suecos, os três com projetos criados por Bruce, os dois barcos holandeses e os australianos. Mais tarde, um time americano patrocinado pela Disney se juntaria à Volvo Ocean Race, também com um barco projetado por Farr, o *Pérola Negra*, que promovia o longa-metragem *Piratas do Caribe*. Por causa do filme, passamos a chamar o barco de *Piratas*.

Na vela de alta performance, assim como na Fórmula 1, os projetistas são verdadeiros artistas que podem influir decisivamente no sucesso ou fracasso de uma equipe. Nossa opção pelo escritório Farr era calcada em três aspectos principais. Primeiro, o enorme sucesso que ele havia obtido anteriormente nas regatas de volta ao mundo. Segundo, o fato de que ele foi um dos arquitetos da regra que criou a nova classe Volvo Open 70. E por fim, pelo fato de que não teríamos tempo nem fundos suficientes, como tiveram os holandeses, para construir dois barcos e correr os riscos de fazer um desenho menos conservador. Com dois veleiros, você sempre pode acertar no barco de segunda geração aquilo que deu errado no primeiro. Nós, assim como todos os demais que optaram por Bruce Farr, além dos australianos, que mesmo àquela altura já passavam por dificuldades financeiras, só tínhamos uma bala na agulha. Seria bom que não errássemos o tiro.

Quando um aventureiro se lança ao mar para realizar um desafio pessoal, ele pode se dar ao luxo de construir seu barco de acordo com seus gostos e necessidades. Mesmo as grandes lendas do oceano e os primeiros barcos das antigas Whitbread (como era chamada a regata de volta ao mundo até 1998) eram assim. *One-off*, como se diz no mundo da vela. Um barco único, sem outro igual. Com a criação de classes específicas para as regatas, tudo fica muito mais complicado. Você é obrigado a se adequar àquele desenho e não o contrário.

Uma classe é, na verdade, um conjunto de regras que norteiam a construção dos veleiros daquele tipo. Há classes que permitem muitas diferenças e inovações entre os barcos, como a Classe Mini, por exemplo, e outras muito rígidas, como o meu querido Star, monotipo olímpico que só permite alguns milímetros de diferença entre um barco e outro. É claro que as diferenças nunca são tão grandes a ponto de comprometer uma competição justa entre veleiros da mesma classe. Quando existem, têm sempre como filosofia permitir a criação e o desenvolvimento de novas tecnologias. Ser uma espécie de laboratório do futuro.

A nova classe VO70, criada especialmente para esta edição da Volvo Ocean Race, era um meio-termo. Havia algum espaço para novidades, mas a organização queria também uma competição justa e equilibrada. Como sempre nos veleiros, a questão da estabilidade estava ligada diretamente à performance do barco. Como a regra especificava um peso total máximo, o que se pudesse economizar em cima, nas estruturas do casco e do mastro, ferragens, velas e outros, poderia ser colocado embaixo, no bulbo da quilha, aumentando a estabilidade e, conseqüentemente, a potência do barco.

Para conseguir isso, era fundamental que no processo de construção houvesse uma preocupação quase obsessiva em poupar peso sem comprometer a rigidez estrutural e a segurança do *Brasil 1*. Neste aspecto, foram preponderantes a experiência de Marco Landi, que já havia participado na Europa da construção de veleiros de ponta, e o gênio de Horácio, que reunia talentos tão díspares quanto ser engenheiro naval, designer, velejador olímpico e "mestre-de-obras". A equipe que eles montaram em Indaiatuba conseguiu, como queria o ministro Furlan, construir em território nacional aquele que, depois, seria considerado o melhor e mais resistente Farr VO70 da regata. Não fosse por um problema no tecido de fibra de carbono que teve que ser reenviado da Nova Zelândia, o barco teria sido construído no prazo. E o prazo nem era tão grande assim, já que a largada da regata seria em menos de um ano do começo da construção.

Apenas oito meses depois de iniciada a construção, mesmo com um pequeno atraso, precisamente no dia 8 de junho de 2005, o *Brasil 1* deixou o estaleiro em Indaiatuba e começou sua primeira viagem, de carreta, para o Rio de Janeiro. Fazer um barco das proporções do *Brasil 1* envolve processos tão avançados que somente determinados aviões, carros de corrida e o ônibus espacial compartilham a mesma tecnologia. Mesmo tendo sido feito no Brasil, o barco era fruto de uma intensa colaboração internacional que envolvia dez países. A quilha e o bulbo eram americanos. O sistema hidráulico que o move veio da Itália. As velas eram neozelandesas e o leme, australiano. E além deles, o veleiro teve ainda peças ou matérias-primas provenientes da Finlândia, Suécia, França, Inglaterra e Dinamarca. Uma verdadeira orgia geográfica que possibilitou ao nosso barco ter tudo de melhor que existe no mundo em termos de tecnologia de veleiros.

O que ninguém podia imaginar era que, por pouco, por um capricho do destino, justamente o vento, a força propulsora de nossa nave tão avançada, quase colocaria tudo a perder. Era o início da noite de uma terça-feira como outra qualquer, dia 24 de maio de 2005. Nosso proeiro Kiko Pellicano havia acabado de chegar a Indaiatuba para se juntar a André Fonseca, também tripulante do barco, que estava morando na cidade para ajudar e acompanhar a construção do *Brasil 1*. A turma trabalhava no veleiro no interior do estaleiro, quando um forte vento começou a rugir estrondosamente, balançando a estrutura do galpão. A luz acabou e ninguém pôde concluir o que estava fazendo. O vento fortíssimo, que durou menos de dois minutos, assustou os funcionários, mas nem tanto os velejadores que estavam lá. Só na manhã seguinte, com a luz do dia, é que todos puderam ver que, por uma distância de apenas 500 metros, todo o estaleiro e o barco que nascia ali dentro não tinham, literalmente, voado pelos ares.

A manchete da *Folha de S. Paulo* dizia: "Tornado atinge Indaiatuba e prefeitura decreta calamidade pública." A matéria não deixava dúvidas sobre a sorte do ainda embrionário veleiro, dizendo que parte do município de Indaiatuba tinha sido devastada por um tornado. As informações iniciais apontavam que os ventos teriam atingido cerca de 100 km/h. Porém, segundo o Instituto de Meteorologia, o tornado teve classificação F3 — o que representa ventos entre 251 km/h e 330 km/h. Fábricas, prédios municipais e ao menos quatrocentas casas foram destruídos.

Nosso veleiro tinha sobrevivido à sua primeira tempestade. E por mais inverossímil que pudesse parecer, ela havia acontecido em terra.

CAÇA (SEM QUERER) À BALEIA

O barco brasileiro deixa o Rio em direção à Europa e ao desafio da volta ao mundo

— **COMO ASSIM**, o caminhão não passa no Aterro do Flamengo? — perguntei, incrédulo, ao Horácio, por telefone.

A resposta, com o sotaque típico de um uruguaio naturalizado brasileiro, foi curta e direta:

— Não passa embaixo das passarelas. Só se demolirmos. Ou o caminhão, ou as passarelas.

Pensei um pouco e automaticamente repliquei:

— Espera aí que nós vamos dar um jeito.

Dar um jeito era o que eu mais fazia nos últimos tempos. "Torben você precisa comparecer a um jantar com os patrocinadores", dizia um. "Vou dar um jeito", eu respondia. "Torben é bom você correr o Match Race Brasil", afirmava outro. "Vou dar um jeito!" "Torben, o carro enguiçou", me informava Andrea, minha mulher. "Vou dar um jeito!"

De tudo que eu havia feito na minha vida até ali, nada tinha sido tão intenso ou trabalhoso quanto liderar o time *Brasil 1*. E a regata, em si, nem havia começado. Talvez por uma característica minha, centralizadora e perfeccionista, talvez pela confiança e respeito que meus companheiros de time tinham por mim, tudo passava pela minha opinião, minha presença e minha decisão. Por um lado, isso era bom, pois eu podia colocar em prática os ensinamentos obtidos no organizadíssimo time Prada nos meus anos de America's Cup, a mais famosa regata do iatismo, e fazer as coisas do meu jeito. Por outro, era algo enlouquecedor.

Um projeto do tamanho do *Brasil 1* é coisa que não se realiza só com vontade e alegria. Os elementos envolvidos são tão numerosos e diversos que, se você não for um camarada muito organizado e perseverante, certamente vai dar com os burros n'água, como se dizia antigamente. E, mesmo com todo o foco e empenho da equipe, o cansaço já estava cobrando seu preço.

Faltavam ainda cinco meses para a largada e eu já não queria mais ficar em terra. Que vontade de velejar! De deixar todas aquelas solicitações, questões, necessidades para trás e me refazer na paz solitária do oceano. Mas eu sabia que na melhor das hipóteses eu teria que esperar pelo menos mais um mês para finalmente navegar no novo barco. E isso só seria possível se ele chegasse à Marina da Glória, no Rio de Janeiro, são e salvo, para podermos terminar de montar aquele verdadeiro quebra-cabeça gigante de alta tecnologia.

Como sempre, demos um jeito. No caso, levamos a carreta até a Ilha do Fundão, onde fica a Universidade Federal do Rio de Janeiro. Lá colocamos o veleiro em uma balsa enorme e, por mar, o levamos até a marina. Isso implicou o uso de um guindaste adicional e de muitas emoções. Mas, no final, tudo deu certo. Depois de uma viagem de 540 km e três dias, a carga mais preciosa do mundo para nós naquele momento finalmente chegara ao seu destino.

Uma vez no Rio, o trabalho era mais intenso fisicamente, mas também mais prazeroso para a tripulação, já que nós mesmos montávamos o que faltava. Naquele momento, nosso time de velejadores estava quase completo. Além de mim e de

Marcelo Ferreira, meu proeiro da classe Star e companheiro de mais de vinte anos de vela, outros cinco brasileiros faziam parte da tripulação.

O primeiro a ser anunciado e que participou, ainda em Indaiatuba, de toda a construção do barco, foi André Fonseca, o Bochecha. O catarinense, radicado no Rio Grande do Sul, é um personagem. Moreno, de estatura mediana, fala espontânea e um radar sempre ligado nas beldades de plantão, ele foi sexto colocado na classe 49er nas Olimpíadas de Atenas e é bicampeão mundial da classe Snipe Júnior. Bochecha seria um dos timoneiros do nosso barco.

Logo depois, chamei o carioca Kiko Pellicano, que é filho de uma das figuras mais tradicionais da vela brasileira, Roberto Pellicano, o Pelli, e foi medalha de bronze nas Olimpíadas de Atlanta na proa do meu irmão Lars, na classe Tornado. Além disso, Kiko, que sempre acompanhou seu pai nas inúmeras travessias pelo Atlântico, entre o Brasil e a Europa, era um dos brasileiros com maior experiência no oceano, o que seria usado na proa do *Brasil 1*.

Completando o time jovem, convidei também o velejador da classe olímpica Finn, João Signorini, o Joca, que havia ficado em décimo lugar em Atenas. O também carioca Joca era um bom timoneiro e um velejador de boa compleição física. Com jeitão de galã de cinema, mas supersério com a namorada e em tudo que faz, ele estava sempre pronto para ajudar e era o nosso "médico" de bordo. O tripulante treinado para atender os outros em caso de emergência.

Além deles, Alan Adler, ex-campeão mundial de Star, meu antigo companheiro de inúmeras velejadas e de jogos olímpicos e principal executivo do projeto, junto com Enio Ribeiro, seria o nosso 11º tripulante nas regatas de porto, e Horácio Carabelli, uruguaio naturalizado brasileiro, moreno de cabelos grisalhos, gentilmente apelidado de Urubu, também participaria de algumas pernas e regatas *in-port*, fazendo com que, por vezes, sete brasileiros estivessem a bordo ao mesmo tempo. Um recorde absoluto nesta edição da regata de volta ao mundo.

Embora o nosso time de velejadores nacionais fosse fortíssimo, eu, volta e meia, tinha que responder a perguntas de amigos e jornalistas sobre como os "olímpicos" se comportariam no oceano. E sempre dizia a mesma coisa:

— É mais fácil fazer um velejador de altíssimo nível se adaptar ao oceano do que fazer um velejador comum de oceano velejar no nível que esses caras velejam.

Um dos grandes trunfos do *Brasil 1* foi justamente ter excelentes timoneiros, que faziam o barco andar no extremo da alta performance o tempo todo. Por outro lado, era óbvio que não seria possível fazer uma tripulação tão reduzida — se fosse um barco "normal", o VO70 teria uma tripulação do dobro do tamanho — velejar um bólido destes sem um pouco de experiência a bordo. Para isso eu planejara mesclar os brasileiros com tripulantes estrangeiros tarimbados.

A posição mais importante entre os estrangeiros era certamente a de navegador, já que no Brasil não havia ninguém do nível deles. Em regatas *offshore* o navegador fica responsável pela interpretação dos dados meteorológicos e, conseqüentemente, por descobrir onde estão os melhores ventos. Escolhemos aquela que viria a ser a única mulher a participar desta edição da regata, a australiana Adrienne Cahalan. Adrienne, que era mestre em meteorologia por uma universidade inglesa, nos fora indicada por um amigo. Durante a regata, por problemas que comentarei depois, ela acabaria sendo substituída pelo holandês Marcel van Triest.

Marcel foi meu companheiro na minha primeira experiência na regata de volta ao mundo, em 1998, no *Innovation Kvaerner*, um barco norueguês comandado por aquele que seria também um tripulante do *Brasil 1*, Knut Frostad. Van Triest era veterano de cinco Whitbread/Volvo Ocean Race e, de todos os tripulantes desta edição da prova, seguramente um dos mais experientes. Um fera.

Outra posição importante no time era a do proeiro. Aqui no Brasil, temos a mania, errada, de chamar de proeiro todos os tripulantes que não sejam o timoneiro ou o navegador. Isso devido à nossa tradição maior em monotipos pequenos, normalmente para dois tripulantes apenas. Neste caso, o timoneiro e o proeiro. No entanto, em um barco de oceano, o proeiro é, de fato, o velejador que faz as funções na proa do veleiro. O *bowman*, em inglês. E embora tivéssemos Kiko, um excelente proeiro a bordo, era importante termos outro velejador na mesma posição devido ao sistema de turnos, alguém que tivesse estômago para fazer os trabalhos no mastro, a mais de 30 metros da água, coisa da qual Kiko não gostava muito. Neste caso, o escolhido foi o neozelandês

Andy Meiklejohn, que havia feito parte da equipe "News Corp" na Volvo Ocean Race anterior.

Outro "kiwi", como são chamados os neozelandeses, era o *sailmaker* Stuart Wilson. Stu, um boa-praça com jeito de duende bom de filme infantil, tinha sido vice-campeão na última edição da regata, no sueco *Assa Abloy*, e era membro da elite da vela internacional. Fechando o time regular de estrangeiros, estava o meu amigo de longa data e *starista* espanhol, Roberto Bermudez, o Chuny. Ele também foi um dos timoneiros do *Assa Abloy* e antes havia participado na Whitbread de 1994. Além disso, havia treinado conosco na campanha olímpica de 1994 e representado o seu país naqueles jogos.

Por fim, tínhamos o reserva de luxo e especialista nos temidos mares do Sul, Knut Frostad, que comandou o *Innovation Kvaerner*, em 1998, e o *Djuice Dragons* em 2002. Além de ser consultor do projeto, o norueguês estaria presente em algumas das pernas mais perigosas e na passagem pelo famoso cabo Horn, conhecido como o cemitério dos mares.

Com a tripulação definida, só nos faltava terminar de montar o barco e começar a treinar.

Outro ponto importante era a preparação física. Em uma regata de alta demanda como a volta ao mundo, é preciso estar no auge da forma física para conseguir agüentar o tranco. Em um barco de oceano, muitas vezes você sai do estado de repouso diretamente para o de estresse máximo. Além do mais, o barco em constante movimento é algo que drena a energia dos tripulantes e eleva o consumo calórico do corpo ao máximo.

Outro fator importante era o psicológico, obviamente. Embora não tenhamos usado nenhum suporte profissional específico, eu sempre procurei fazer alguns exercícios mentais sozinho. Para mim o melhor é fazer uma espécie de antecipação psicológica das situações de maior estresse. Eu focava nas situações difíceis que imaginava poder enfrentarmos no mar e vivenciava mentalmente as reações e emoções que eu poderia ter nelas. Gosto também de fazer um roteiro mental daquilo que eu penso ser possível acontecer cronologicamente. Daí quando a coisa acontece, eu, de certa forma, já vivi aquilo antes.

O período no Rio de Janeiro era importantíssimo, pois ali é que colocaríamos a famosa quilha, o leme e o mastro, fazendo daquele casco solitário, finalmente, um veleiro. Ali também todos os outros equipamentos, dos eletrônicos a ferragens importantes do convés, seriam instalados.

Já era quase inverno, mas o calor do Rio de Janeiro embaixo da tenda montada no pátio da Marina da Glória fazia do interior do nosso barco um verdadeiro forno. Dia e noite, trabalhávamos incessantemente para deixar tudo pronto o mais rápido possível. Afligia-nos saber que outros times, principalmente os holandeses e os espanhóis, já estavam treinando. A boa notícia era que o *Movistar*, o barco espanhol, tinha se tornado, poucos dias antes, o recordista mundial de singradura (milhas percorridas em 24 horas) em monocascos, com incríveis 530 milhas em um único dia. O fato de ser um barco "irmão", também desenhado por Bruce Farr, e, mais ainda, o fato de ser um VO70, mostrava que realmente a nova classe era o que se esperava dela: uma Fórmula 1 do oceano.

No dia 23 de junho de 2005, para imenso orgulho das dezenas de pessoas do time, nossa nave finalmente foi batizada. Era uma linda tarde de quinta-feira no Rio. Com a presença de autoridades — como o ministro Luiz Fernando Furlan, representando o presidente Luiz Inácio Lula da Silva —, o *Brasil 1* foi apresentado ao público.

Centenas de amigos, velejadores, curiosos, jornalistas e fotógrafos puderam ver quando minha mãe, Ingrid Schmidt Grael, madrinha do projeto, quebrou o champanhe na proa do veleiro, para delírio da galera e nosso êxtase particular. Depois, um guindaste transportou a embarcação de 70 pés e mais de 13 toneladas para o mar da Baía de Guanabara e, pela primeira vez, aquele navio a vela, que seria nossa casa ao redor do globo, tocou as águas salgadas. Finalmente, nossa nave estava batizada. De corpo e alma.

Após os primeiros testes na Guanabara, decidimos que, mesmo com todo o esforço que seria necessário, valia a pena tentar participar da Semana de Vela de Ilhabela. Lá estariam todos os nossos amigos e a comunidade brasileira da vela que, desde o primeiro momento, nos apoiou e torceu por nós. Além do mais, estávamos bastante animados para competir pela primeira vez. Mesmo como *hors-concours*, participaríamos da Regata Rádio Eldorado Ilha de Alcatrazes por Boreste. A prova — de cerca de 55 milhas náuticas — abre as competições da Semana Internacional de Vela de Ilhabela, o principal evento náutico do nosso país, e seria bom mostrar para os amigos do que nosso barco era capaz.

A travessia para a ilha, 140 milhas ao sul do Rio de Janeiro, foi o primeiro teste oceânico do veleiro, e lógico que o *Brasil 1* não passou incólume. Mas não identificamos nada insolúvel, que nos impedisse de participar daquela verdadeira festa que é a Semana de Vela. Conseguimos chegar a tempo e no sábado, dia 9 de julho de 2005, o *Brasil 1* completou sua primeira regata batendo um recorde. O veleiro foi o primeiro a cruzar a linha de chegada na regata. Nós completamos a prova em 6h00m18s, superando o antigo tempo do argentino *Flash Gordon*, de 7h13m46s, em 2002. Com a tripulação quase completa e muitos convidados a bordo, como o ministro do Esporte da época, Agnelo Queiroz, não poderia ter sido uma estréia melhor. O barco se comportou muito bem e nos deixou animados para os outros testes.

Na segunda-feira, ali mesmo em Ilhabela, fizemos um treino para testar as diversas velas de nosso enxoval e, na terça-feira, voltamos para o Rio para terminar de fazer os ajustes do barco. Ficamos treinando no Rio e anotando tudo que precisava ser feito. Uma semana depois, após o barco ser aprovado no famoso teste de inversão, o *Brasil 1* subiu novamente para a terra para sofrer as primeiras reformas. O teste de inversão, aliás, foi um momento de grande emoção. Pelo motivo errado.

O teste foi acompanhado por um representante da organização da prova e o processo todo durou pouco menos de 15 minutos, mas foi inesquecível. O veleiro, sem o mastro, foi levantado por um guindaste e deixado de cabeça para baixo. Ele seria colocado nesta posição dentro d'água, para comprovar que a quilha faria o efeito de "joão-bobo" e viraria o barco sozinha, fazendo-o voltar à posição normal. Dentro, ficaram apenas quatro tripulantes: eu, André Fonseca, Kiko Pellicano e Andy Meiklejohn.

Quando o guindaste soltou o *Brasil 1*, rapidamente a embarcação voltou à sua posição normal, mas não sem antes nos pregar um baita susto. Para quem olhou de fora, foi tudo muito rápido, mas para nós que estávamos dentro foi muito demorado. Sabíamos que não teríamos maiores problemas com essa inversão, por causa do formato do barco. O incidente ocorreu quando o barco já estava de cabeça para baixo e a gaiúta — a porta de entrada da cabine — se soltou. Como ainda não fora fixada definitivamente e estava um pouco solta, com a pressão ela cedeu e o barco começou a alagar. Foi a minha primeira vez em um barco "capotado", com tudo escuro e com água entrando. Ficamos meio assustados, mas sobrevivemos ao teste.

O *Brasil 1* finalmente partiu rumo à sua participação na Volvo Ocean Race na tarde do sábado 20 de agosto de 2005. O nosso destino era Cascais, em Portugal, onde faríamos os últimos ajustes antes da largada. A despedida aconteceu em grande estilo. Mais de cem barcos nos acompanharam em uma procissão náutica festiva, desde a Escola Naval até as ilhas do Pai e da Mãe, na saída da Baía de Guanabara. Um deles até, em uma manobra equivocada, acabou enganchado no nosso gurupés, verga colocada no bico de proa dos veleiros. Quase uma videocassetada. Antes de zarparmos, o padre Josumar, da paróquia de São Francisco Xavier, em Niterói, levado pelos pais de Marcelo Ferreira, benzeu o barco e cada tripulante. Amém!

Além da tripulação "normal" — Marcelo Ferreira, Kiko Pellicano, João Signorini e André Fonseca, a australiana Adrienne Cahalan, os neozelandeses Stuart Wilson e Andy Meiklejohn e o espanhol Chuny Bermudez —, estavam a bordo Alan Adler e Martin Carter, da tripulação de terra, e os repórteres Alexandre Haddad e Tino Marcos.

Paramos em Noronha, e Alan e os jornalistas desembarcaram. Nossa estadia na ilha foi bem legal. Foram apenas 24 horas, mas valeu muito. Fizemos alguns pequenos consertos, principalmente vedação de vazamentos e uma boa limpeza a bordo. Depois, fomos a uma praia linda, a praia do Sancho, e à noite jantamos em um local simpático na Vila dos Remédios. No dia seguinte, almoçamos um peixe e, após uma arrumação final, partimos.

Logo depois de Noronha, cruzamos o Equador e o Rei Netuno veio nos dar as boas-vindas, como é tradição no mar. Os cinco tripulantes que ainda não haviam cruzado o Equador velejando, inclusive eu, foram batizados pelo rei Kiko em uma fantasia muito sofrível. Ele pegou restos de comida, misturou com outras coisas igualmente fétidas e nos impregnou daquele líquido "sagrado". Argh! Se não fosse pela tradição, usaria meus poderes de comandante para evitar a imundície. Mas, no final, todos nos divertimos e rimos muito.

Outro momento escatológico, mas nem tão divertido, foi quando descobrimos que o paiol de proa onde estávamos armazenando o lixo apresentava um vazamento e embarcava muita água. Quando percebemos, a situação era tão crítica, que havia lixo grudado até no teto. Como não havia muito o que fazer, a não ser arrumar tudo, eu e Kiko viramos verdadeiros catadores marítimos e fizemos a "triagem" do lixo, que incluía os restos da cozinha e do banheiro. Foi, com certeza, o ponto mais baixo de nossa carreira de velejadores de oceano. Mas tudo ficou razoavelmente limpo novamente.

No dia seguinte, aconteceu o grande momento de angústia da travessia. Em e-mail para minha mulher, descrevi o que acontecera a bordo:

Hoje foi um dia cheio de acontecimentos. Atravessamos os doldrums *(as calmas equatoriais) com algum calor e calmaria, mas sem grandes problemas. Ao anoitecer, Marcelo acabara de fazer o jantar e o resto da tripulação preparava o barco para uma baixa pressão com possibilidade de ventos de até 35, 40 nós, com pancadas de chuva.*

O barco andava a 10 nós e eu acabara de assumir o leme, quando senti um leve toque levantando a proa, seguido de uma brusca colisão. Já havia sentido esta sensação no passado (nas eliminatórias de Los Angeles, há 21 anos). Encalhar no meio do mar.

Olhei para o lado e vi uma baleia a uns 30 metros. No mesmo instante, do outro lado (a barlavento) e bem juntinho ao barco, ouviu-se um urro e apareceu a outra baleia atingida, contorcendo-se. Creio que estivesse dormindo e foi acordada por nossa proa, seguida de uma bordoada com a quilha.

A bordo, a outra vítima, nosso Dr. Joca, que, na súbita parada (de 10 nós para 1,8 nó), bateu com as costelas na antepara da cozinha e está sob observação, com dores, não sei se piores do que a pobre baleia.

Todos a bordo, refeitos do susto, ficamos tristes, pois desde o segundo dia temos curtido a presença de inúmeros destes animais, embora não os tivéssemos visto ainda desde a partida de Noronha. Depois de uma minuciosa inspeção, parece que o Brasil 1 *nada sofreu. Voltamos aos poucos a acelerar o barco, que agora anda de 12 a 15 nós com o balão.*

Joca está aqui ao meu lado repousando, ainda com muitas dores, apesar dos sedativos. Mas, ao que parece, um pouco melhor. Amanhã sabere-

mos se houve uma fratura na costela ou não. Estamos todos torcendo por sua recuperação e da baleia também.

Ao final creio que tivemos sorte de não estar em grande velocidade, caso contrário poderia ter sido muito pior para todos.

Te amo, Torben.

Logo depois, descobriríamos que Joca havia fraturado a costela. E da baleia, infelizmente, nunca mais tivemos notícias.

ESTRÉIA NO PÓDIO

O rei da Espanha, Juan Carlos, cumprimenta a tripulação do Brasil 1 *em Sanxenxo*

— **SERÁ QUE VAI** dar tempo? — A voz rouca e grave do Marcelo Ferreira repetia a pergunta já feita tantas vezes, e que eu mesmo também me perguntava.

— Não tenho a menor idéia.

Era outubro de 2005 e havia já alguns dias que estávamos em Sanxenxo, uma pequena e simpática vila de apenas 16 mil habitantes, na beira da *ria* de Pontevedra, na Galícia, e o cilindro da quilha basculante, que foi ser reparado na Itália, ainda não tinha chegado. Sem ele, não poderíamos correr a primeira regata de porto e fazer a nossa estréia na Volvo Ocean Race 2005/2006.

Tanto a quilha basculante quanto a regata de porto eram inovações que apareciam pela primeira vez na regata de volta ao mundo. Desde que a montadora sueca Volvo comprou os direitos da regata da centenária cervejaria inglesa Whitbread, em 1997, vinham estudando uma maneira de tornar tudo mais atraente para a mídia, principalmente a televisão, e para o público em geral.

A primeira medida, claro, dizia respeito aos barcos da regata. Nos primórdios da competição, nos anos 1970, os veleiros que disputavam a volta ao mundo eram barcos regulares, de cruzeiro, apenas otimizados para a prova. Tinham camarotes, beliches, cozinha, salão, banheiros, tudo como em um barco normal. Com o passar dos anos, em 1993, surgiu a classe W60. Estes já eram veleiros tipicamente regateiros, feitos de materiais exóticos como fibra de carbono, titânio etc., com interior absolutamente espartano e enorme área para velas. A quantidade de velas que o barco carrega influencia diretamente a sua potência e velocidade.

Para fazer o contrapeso, já que quanto mais adriçado o barco navegar, ou seja, quanto mais em pé estiver, mais ele vai aproveitar o vento, os velhos W60 usavam lastro d'água. Dois tanques que eram enchidos com até 5 mil litros de água do mar para aumentar o equilíbrio. Só que isso representava também muito mais peso. Invariavelmente, chegava-se a um ponto em que a equação não fechava. Ou seja, o aumento de estabilidade não compensava o acréscimo de peso.

Para resolver esta questão, um velejador francês, Michel Desjoyeaux, aperfeiçoou uma idéia que em teoria já era conhecida: a quilha basculante. A quilha do barco é fundamental para qualquer veleiro de um casco só, os monocascos. O enorme bulbo de chumbo que parece um míssil, na ponta da haste de ferro que mergulha a 4,5 metros de profundidade, no caso do *Brasil 1*, tem a função de equilibrar o barco o máximo possível. Quanto mais peso no bulbo, o ponto mais baixo de toda a estrutura, mais estabilidade e maior potência. Se fosse possível deslocar todo esse peso para o lado certo, para barlavento — de onde vem o vento —, melhor ainda. Isso aumentaria a estabilidade do veleiro de maneira fantástica e não acrescentaria um quilo sequer ao peso da embarcação. Foi isso que Desjoyeaux fez e revolucionou o mundo da vela de oceano.

Quando tivemos um problema no cilindro hidráulico da quilha, dias antes da primeira regata de porto e, portanto, da estréia na Volvo Ocean Race, nosso mundo pareceu prestes a ruir. Só eu, Horácio Carabelli — que, além de construtor do barco, era também velejador do *Brasil 1* —, alguns membros do time de vela e outros do time de terra tínhamos a real dimensão do que a falta daquela peça representava: a total impossibilidade de colocar o barco na água e um começo que seria um fiasco inesquecível. Eu tinha arrepios na espinha só de pensar na possibilidade de ficarmos de fora da regata de porto.

Como Deus, segundo a expressão corrente, é nosso compatriota, no final, tudo deu certo. Ou como disse um amigo:

— Foi aos 48 do segundo tempo, mas chegou.

Que alívio. Agora sabíamos que poderíamos correr a regata e, finalmente, colocar o *Brasil 1* na raia. Batendo-se contra os grandes velejadores e veleiros de todo o mundo.

Por conta do novo formato da competição, a estréia parecia estranha, à primeira vista. A famosa regata de volta ao mundo começaria com uma regata local, de porto, disputada entre as bóias. Na verdade, a Volvo Ocean Race 2005/2006 era praticamente um torneio, um circuito disputado ao redor do globo com o time que acumulasse mais pontos sendo campeão no final.

Havia três maneiras de ganhar os preciosos pontos que fariam o grande vencedor. A primeira e mais importante, obviamente, eram as pernas oceânicas. Como eram sete barcos na competição, aquele que vencesse alguma das nove pernas somaria sete pontos; o segundo, seis pontos; o terceiro, cinco e assim por diante. Em algumas paradas haveria também as regatas de porto, as *in-port races*, que valiam metade dos pontos de uma perna. A organização criou ainda os portões de pontuação no meio das pernas oceânicas. Os barcos que passassem por determinados lugares, os "portões", ganhavam pontos. Eles também valiam a metade dos pontos totais de uma perna. Nem todas as pernas tinham portões de pontuação, e, na segunda etapa, da Cidade do Cabo, na África do Sul, até Melbourne, na Austrália, haveria dois deles. Eram, ao todo, seis portões de pontuação e, para nosso azar, a única perna que o *Brasil 1* não completaria seria justamente a segunda, que tinha dois, e a etapa que mais valia pontos no total.

Mas ali, na vila da regata, uma verdadeira feira montada pelos times e seus patrocinadores, poucas horas antes do início da jornada de nove meses que mudaria nossas vidas e a história do nosso esporte no Brasil, ainda nem pensávamos muito em como esta nova e intrincada tabela funcionaria. Tudo o que queríamos, era estrear. Era colocar nosso barco na água e finalmente nos medir contra os concorrentes e saber se os árduos meses de trabalho no Brasil haviam promovido um resultado realmente satisfatório.

Quando Horácio gritou "pode levantar!" e a gigantesca estrutura que prendia o barco começou a se movimentar na noite fria de Sanxenxo, nós sentimos que nada mais poderia nos deter. Estava tudo pronto, inclusive o cilindro da quilha que, por causa de uma confusão da transportadora, havia sido despachado para os EUA e por isso havia demorado a chegar.

Na despedida do barco, já atracado no píer, pronto para a regata que começaria às 13 horas locais do sábado, dali a dois dias, senti, mais uma vez, como em tantas outras, um imenso carinho por aquela obra de engenharia e arte. Uma confiança de que aquele barco seria nosso amigo e que sua alma era boa como a do povo do país, agora tão distante, que o batizara com seu nome. Era quinta-feira, 3 de novembro de 2005, e em pouco tempo começaria a maior aventura de nossas vidas.

Todos os membros do time estavam hospedados em um prédio não muito distante da vila da regata, em Portonovo, uma cidade vizinha. Velejadores, equipe de terra, pessoal administrativo, equipe de marketing e comunicação, toda a família *Brasil 1* estava reunida no final do outono espanhol, com um frio quase invernal, naquele pequeno pedaço de mundo que era um balneário famoso no verão. Para mim, a coisa mais bacana do *Brasil 1* era justamente sermos o time mais nacionalizado de todos, era poder sentir ali aquela boa energia da nossa terra natal.

Na sexta-feira, dia 4, houve as cerimônias de abertura, e a festa foi marcada pela presença do rei da Espanha, Juan Carlos. O monarca participou da solenidade oficial de abertura, conversou com cada um dos comandantes e cumprimentou todos os tripulantes. No *Brasil 1*, ele, como sempre, foi muito simpático comigo e relembrou algumas das velejadas que demos juntos no seu barco, o *Bribón*, um veleiro maravilhoso que sempre corria o circuito de regatas do mediterrâneo. Eu havia sido convidado algumas vezes para ser o tático do seu barco. Como o rei morou em Portugal, falava bem português e, por isso, nos entendíamos perfeitamente a bordo. Ele também deu especial atenção ao nosso timoneiro espanhol Roberto "Chuny" Bermudez, único galego a disputar esta edição da Volvo e ídolo local. Depois de um rápido coquetel, todos foram dormir cedo, já que o dia seguinte era de responsabilidade máxima.

Nosso time combinou de acordar cedo no dia D e tomar café juntos. Já nas primeiras luzes da manhã, eu estava alerta e pensando no que poderia acontecer dentro de poucas horas. Mesmo para um velejador teoricamente acostumado às grandes competições, assim como para qualquer artista, por mais consagrado que seja, o dia da estréia é sempre tenso. Por sorte, a verdadeira maratona de entrevistas e encontros com patrocinadores, amigos e familiares me ocupou quase até o momento de zarpar e desviou um pouco meus pensamentos.

Adrienne já havia me informado que a previsão era de ventos fracos. Para nós, isso era bom, porque sabíamos que nosso barco andaria bem naquelas condições. Os holandeses já não poderiam dizer o mesmo. Naquela altura, apenas pela observação das características visíveis dos barcos e seus diferentes desenhos — obviamente todos respeitando a mesma regra —, já era possível saber para que tipo de vento eles eram otimizados. Aliás, na entrevista coletiva que aconteceu na manhã da véspera da regata, foi engraçado ver o jogo de esconde-esconde dos comandantes para não revelar seus planos. Faz parte.

O que ninguém esperava mesmo era que o vento sumisse completamente e que milhares de pessoas, incluindo nós, ficassem boiando sobre as águas frias da *ria* de Pontevedra por quase uma hora, até que uma brisa fraca de sudoeste finalmente arrepiasse a água. Quando os ponteiros apontavam duas e 15 da tarde, finalmente o canhão da bela réplica de uma caravela medieval sueca soou, dando a partida para mais uma edição da regata de volta ao mundo. A tripulação do *Brasil 1* estava completa com os dez velejadores regulares mais o 11º homem permitido nas regatas de porto. No nosso caso, o idealizador do projeto, velejador de boa cepa e principal executivo do time, Alan Adler.

Chuny ia ao timão e eu fazia a tática, procurando olhar a raia, os "inimigos" e o vento para encontrar o caminho da vitória.

Nós não largamos bem. A falta de intimidade com o barco nos fez demorar um pouco para acelerar e cruzar a linha exatamente no momento do sinal de partida, mas ninguém havia largado com precisão fantástica. Os americanos e os espanhóis, com o rei Juan Carlos a bordo, optaram pelo lado de boreste (da direita), onde estava o barco da comissão de regata. O sueco *Ericsson* era o mais a bombordo (esquerda), o lado da bóia, e tinha o *ABN2* bem ao seu lado. Logo atrás estávamos nós, entre os dois barcos, e à nossa direita, mais atrás ainda, o *ABN1*.

O barco sueco viu antes de todos o vento mais forte entrando pela esquerda. Por isso mesmo, largou por lá e, logo que pôde, foi para o lado esquerdo da raia em direção à ponta de Robaleira. Para nos livrarmos do vento sujo — que os barcos que estão na frente projetam, fazendo uma "sombra de vento" —, cambamos para a direita e passamos bem próximos de onde estavam os espectadores. Antes de voltarmos para a esquerda, ainda pude ouvir a pequena e ruidosa torcida brasileira que estava em um barco alugado pelo time gritar palavras de incentivo.

Fomos os segundos a chegar ao lado esquerdo da raia e pudemos nos beneficiar também dos melhores ventos que sopravam por ali. Enquanto isso, os americanos no *Piratas* seguiam cada passo dos espanhóis do *Movistar* e vinham pelo meio da raia. Na rabeira, para surpresa de alguns, estavam os dois barcos holandeses. Em ordem invertida, o número dois, que tinha jovens navegadores amadores selecionados no mundo todo, em primeiro, e o número um, que tinha apenas profissionais, em último. Por questões de falta de patrocínio, o time australiano, do *Brunel*, só conseguiu chegar em cima da hora e resolveu não correr a regata de porto.

Logo na primeira bóia de contravento, o *Ericsson* passou com incríveis cinco minutos de vantagem à nossa frente. Na nossa popa, a apenas 12 segundos, vieram os espanhóis, depois de uma recuperação muito boa. Logo na cola deles estavam o *Piratas* e, por último, o *ABN1* e o *ABN2*.

Na primeira perna de vento folgado, nós conseguimos abrir alguma vantagem do *Movistar* e eles do *Piratas*. Novamente, o *Ericsson* estava bem na frente, mas pudemos tirar um pouco da vantagem sueca. Na segunda perna de contravento, em que alguns barcos colocaram a maior vela de todo o inventário, o *code zero*, um enorme balão que vai do topo do mastro de mais de 30 metros até quase a popa do veleiro, o *Piratas* ultrapassou os espanhóis. Logo na montagem da bóia. A infanta Cristina, filha do rei, que ia a bordo do barco americano, deve ter pedido desculpas ao seu pai, convidado da embarcação espanhola, pelo mau jeito. Como o vento era ainda muito fraco e o pôr do sol já estava se aproximando, a comissão de regata resolveu encurtar a prova.

Fizemos mais uma descida no vento em popa para a chegada e novamente conseguimos tirar alguma vantagem dos líderes. O *Piratas* ficou em terceiro e os velejadores locais em quarto. O time dos garotos recrutados no mundo inteiro, do *ABN2*, ficou em quinto, e o franco favorito, o *ABN1*, em sexto e último, já que os australianos não foram para raia.

Para nós, foi um êxtase total estar no pódio logo na primeira regata e abrir o "torneio" de volta ao mundo já na segunda posição. Àquela altura, sabíamos que os barcos projetados por Bruce Farr, como os quatro primeiros colocados na primeira regata, tinham uma clara vantagem nos ventos fracos e que o desempenho do time mais poderoso e rico havia sido prejudicado pelas condições climáticas. Mas, mesmo assim, como na regata contavam-se pontos, era reconfortante ver o nosso time bem colocado na tabela. Finalmente, havíamos estreado. E o *Brasil 1* já era quase o primeiro.

DEPOIS DAS MEDALHAS, A VOLTA AO MUNDO

O apego ao mar e ao comando surgiu cedo para Torben

NA SOLIDÃO do timão, na noite escura do Atlântico, horas depois de deixarmos Vigo, comecei a me lembrar de como tudo começara. "O que estou fazendo aqui?" A pergunta ia e voltava como um mantra na minha madrugada insone. Não que estivesse arrependido. Pelo contrário. Mas, quando se está cansado, sozinho, com frio, com fome e encharcado, é algo que naturalmente passa pela sua cabeça.

Do "O que estou fazendo aqui?" passei ao "Como cheguei até aqui?". Que acontecimentos fizeram com que aqueles seis brasileiros pudessem estar naquele momento cruzando o Atlântico em um bólido oceânico de altíssima tecnologia, singrando o mar a velocidades muitas vezes maiores que as dos barcos a motor, usando simplesmente a força do vento? Que seqüência de eventos em nossas vidas — na minha vida — tinha permitido a mim, Marcelo, Joca, Bochecha, Horácio e Kiko sermos os pioneiros do nosso país em uma corrida tão fantástica?

Sem dúvida, uma série de coincidências quase místicas tinha nos levado até aquela noite fria no meio do Atlântico. Uma espécie de destino, ao mesmo tempo traçado por algo maior e construído por nós mesmos com esforço e dedicação. Minha história nos mares do mundo tinha sido típica neste sentido. Eu sempre conduzi minha vida tentando, com rigor e disciplina, erguer o velejador no qual me tornei. Mas também sempre tive a sensação de que algo mais, mais abstrato, mais difuso e incompreensível, me guiou.

Por conta da profissão do meu pai, o coronel do exército brasileiro Dickson Grael, desde 1973 nós morávamos em Brasília. E foi no lago Paranoá, junto com a Baía da Guanabara, claro, que me tornei velejador. O exemplo dos meus tios Axel e Erik Schmidt, que foram os primeiros grandes campeões internacionais da nossa vela, e a imagem deles comemorando suas conquistas, até mesmo em desfiles sobre carros de bombeiros, são inesquecíveis para mim e meus irmãos.

Em Brasília, no Iate Clube, por mais estranho que possa parecer, tive meus primeiros contatos com a vela de oceano. Oceano entendido como barcos maiores, com cabine, que permitissem um pernoite. Eu e minha turma, sempre que podíamos, passávamos o final de semana dormindo nos veleiros. Um sócio do clube havia me emprestado um pequeno Tahiti 16, um barco de apenas 4,8 metros de comprimento, com cabine, que eu mesmo reformara e pintara. Ele se tornou minha casa nos finais de semana. Ali eu velejava, dormia, comia e fantasiava sobre o oceano real e seus desafios impossíveis.

Paralelamente ao meu "camping náutico", eu desenvolvia as habilidades que mais tarde seriam importantes para me tornar um velejador olímpico. Amigos me davam dicas. E os treinamentos de Snipe, um barco para dois tripulantes, de projeto americano, que até hoje é classe pan-americana e uma das maiores escolas de vela no mundo, ajudavam a aprimorar minha técnica de velejar.

Mesmo eu já sendo a terceira geração de velejadores da família, se não fosse o amor que o mar sempre me despertou e a curiosidade juvenil sobre seus mistérios e possibilidades, talvez eu nunca me tornasse um navegador profissional. Foi um sentimento impreciso na época, uma coisa quase natural — ou talvez até sobrenatural. Mas o fato é que tinha algo dentro de mim que me impulsionava em direção à água e aos veleiros.

Em 1976, aos 16 anos, conquistei meu primeiro título: campeão carioca, correndo em Ramos, como proeiro de Lightining, um barco para três pessoas que é também classe pan-americana. Naquele mesmo ano, conquistei ainda o primeiro título nacional da minha carreira: campeão brasileiro da classe Snipe, na categoria juvenil, em São Paulo, com meu irmão mais velho, Axel, como meu proeiro.

Mais tarde, quando voltei para Niterói, a proximidade com meus tios permitiu melhorar ainda mais minha velejada, e fui definitivamente contaminado com o vírus da competição esportiva em geral e da vela em particular. Fruto disso foi o bi e, depois, o tricampeonato brasileiro juvenil de Snipe, em 1977, em Maceió, e em 1978, no Rio, os dois com Eduardo Mascarenhas na proa. Ainda em 1978, o meu primeiro título mundial, que também aconteceu na classe Snipe, na categoria juvenil, foi com Eduardo, nas águas de San Diego, na Califórnia. Parecia incrível, mas, em dois anos, desde aquelas regatas em Ramos, na velha e boa Guanabara, até a Califórnia, eu já era campeão mundial. E nem havia percebido. Para mim eram só regatas depois de regatas. Eu apenas me esforçava para fazer o melhor e curtir as velejadas.

Os anos foram passando e com eles fui me transformando em um velejador de alto rendimento. Fui me disciplinando a treinar e a levar o esporte como uma atividade menos recreativa e mais profissional, mas sem jamais perder o prazer de navegar. Naquele mesmo ano de 1978 tive minha primeira experiência no oceano, na tradicional regata Santos–Rio, a bordo do *Winsome*, do pioneiro Lauritz von Lachmann, no qual meu tio Erik era um dos timoneiros. Lembro-me da satisfação que senti ao correr aquela primeira regata longa, sem um percurso delimitado por bóias e com o oceano aberto como cenário. Era um rito de passagem. Um novo ciclo que se iniciava naturalmente.

No esporte da vela podemos distinguir três diferentes tipos de competição. As regatas de monotipos, que normalmente são barcos pequenos, individuais ou para pequenas tripulações, em que as provas são disputadas ao redor de bóias, por flotilhas — pequenas frotas — numerosas, como nas olimpíadas ou nos jogos pan-americanos. A vela em *match race*, as regatas barco contra barco, em que apenas dois veleiros se batem para ver quem é o melhor, também disputadas em percursos demarcados por bóias, como na mais antiga e famosa regata do planeta, a America's Cup. E as grandes regatas oceânicas, *offshore*, que saem de uma cidade ou país e chegam a outras localidades, tendo como marcas de percurso os próprios pontos geográficos da costa ou dos oceanos, como a Volvo Ocean Race, a Transpac, que atravessa o Pacífico, as várias Transat, que cruzam o Atlântico, a Sydney-Hobart, entre outras.

Desde pequeno, sempre me interessou a vela em geral. Sempre me interessaram os veleiros. Nunca me preocupei muito com qual tipo de regata seria disputada. O que eu queria era estar na água, velejando. Por uma circunstância casual, o Brasil acabou mais conhecido pelos seus velejadores de monotipos. Principalmente os olímpicos, que no nosso país tornaram a vela a modalidade que mais ganhou medalhas em olimpíadas, deixando esportes tradicionais como o atletismo, a natação e o judô para trás. Possivelmente, até por uma questão econômica, para nós brasileiros tenha sido mais fácil treinar e nos dedicar aos barcos menores. Mas isso nunca significou, como quiseram supor alguns desavisados, que fôssemos menos competentes na vela de oceano.

Pelo contrário, a grande maioria dos velejadores brasileiros de alto nível sempre correu e gostou de correr em barcos de oceano. A Semana de Vela de Ilhabela, o Circuito Rio, a Santos–Rio e, mais antigamente, a Buenos Aires–Rio e a Cape Town–Rio estão presentes nos currículos da maioria dos velejadores de ponta. Talvez faltem no nosso calendário, hoje, regatas de percursos longos como a Eldorado Brasilis Vitória–Ilha da Trindade–Vitória, que tem 1.400 milhas. Atualmente, é a única grande regata *offshore* do país e, infelizmente, não tem atraído os barcos de alto nível. Mas isso não quer dizer que nossos velejadores não sejam bons marinheiros, nem que não amem o mar aberto.

Ainda muito novo, com 25 anos, tive meu primeiro barco de oceano, um Fast 230, o *Saci*. Naquele ano, no *Osprey*, do meu tio Axel, nós vencemos a Santos–Rio. E, no ano anterior, no mesmo barco, havíamos sido campeões do Circuito Rio, que tinha regatas *inshore* — nas bóias —, mas também as oceânicas Santos–Rio e Rio–Cabo Frio–Rio.

Pouco tempo depois, comecei a construir a série de veleiros de nome *Magia*, sempre com o patrocínio da Polibrasil. Com eles, corremos os principais circuitos do Brasil e ganhamos muitos prêmios, além de uma experiência fundamental no oceano aberto. O primeiro grande título "sênior", na categoria de adultos, na vela internacional, o mundial de Snipe, conquistei no Porto, Portugal, em 1983, com o meu irmão Lars na proa. Dali em diante, Lars se concentrou nos multicascos, os catamarãs — até o acidente trágico que lhe custou uma das pernas em 1998 —, e eu segui nos monocascos. Em 1984, em Los Angeles, com Ronie Senft e Daniel Adler, alcancei meu primeiro triunfo olímpico: a medalha de prata na classe Soling. Uma conquista maravilhosa que sempre traz boas lembranças.

Nos jogos olímpicos seguintes, em Seul, na Coréia do Sul, já correndo na supertécnica e prestigiada classe Star, com Nelson Falcão na proa, conquistamos uma medalha de bronze. Naquela mesma olimpíada, meu irmão Lars, com Clínio de Freitas, também ganhou um bronze na classe Tornado. Lembro, e me emociono até hoje, que pudemos voltar da Coréia e mostrar para nosso pai, já àquela altura muito doente, as duas medalhas que ele, com seu exemplo, apoio e desprendimento, tanto nos ajudara a conquistar. Logo depois, meu pai morreria, e seu olhar, no dia em que dois de seus filhos puderam voltar para casa como campeões olímpicos, ficou marcado para sempre na minha memória.

Logo depois de Seul, em 1990, fui campeão mundial de Star com Marcelo Ferreira, e um novo mundo se abriu para mim. Com todo o prestígio internacional que a classe, que de fato reúne os melhores velejadores do mundo, proporciona, os convites começaram a aparecer. E eu fiz questão de aproveitar o máximo que pude. Sempre tentando me manter bem nos monotipos e ampliando minha experiência no oceano.

Na olimpíada seguinte, em Barcelona, em 1992, tive a minha única participação sem medalhas em seis jogos olímpicos até hoje. Aliás, Barcelona foi a pior olimpíada para a vela brasileira desde que em Moscou, em 1980, nossos velejadores ganharam dois ouros. Quando eu e Nelson Falcão nos classificamos na pré-olímpica em Búzios, havíamos combinado de voltar até Niterói velejando no nosso Star, apesar de o barco não ter cabine, ser muito leve e próprio para velejadas curtas e não para travessias. Por conta da comemoração em Búzios, acabamos não fazendo a tal velejada e, por mais estranho que isso possa parecer, eu cismei que essa promessa não cumprida tinha atrapalhado as coisas em Barcelona.

Para Atlanta, em 1996, tínhamos que virar a mesa, e para isso era necessário cumprir nossa promessa. Àquela altura eu já velejava com Marcelo Ferreira na proa do Star e nós convocamos Nelson Falcão, o proeiro original, para a façanha. Marcelo rebocou o barco até Búzios e os caras do iate clube não acreditaram quando eu e Falcão partimos rumo a Niterói, a 90 milhas náuticas de distância (aproximadamente 160 km), em um simples Star. Como fizemos tudo correndo, esquecemos de levar água suficiente para beber. Até hoje Nelson Falcão reclama comigo da sede que passou. Mas deu certo!

Não preciso dizer que em Atlanta, na verdade em Savanah, onde foi disputada a vela, eu e Marcelo ganhamos o nosso primeiro ouro olímpico e ajudamos a vela brasileira a ser, naquela olimpíada, a vencedora do quadro de medalhas da modalidade, com mais um ouro, de Robert Scheidt, no Laser, e o bronze de Lars Grael e Kiko Pellicano, no Tornado. Mais um ciclo olímpico se encerrava e dessa vez fora o mais vitorioso até ali.

Com o ouro em 1996, o respeito do mundo da vela só aumentou e, em 1997, fui convidado a integrar o time Prada, na America's Cup. Junto às olimpíadas, este foi o maior marco na minha história esportiva.

Desde cedo as coisas haviam se encaixado. Depois do mundial de Star em 1990, quando me juntei ao Brava, um time italiano de oceano que correu as principais regatas do circuito europeu, senti que tinha mudado de status como velejador esportivo. E de fato, tinha. Aquilo foi a base para o convite, anos depois, para a America's Cup. E sem a experiência e o aprendizado lá eu jamais poderia ter comandado o *Brasil 1*.

Nem tanto pela velejada em si, já que os barcos da America's Cup são completamente diferentes dos barcos de oceano. A competição também não se parece muito. O formato utilizado é o *match race*, com apenas dois barcos na raia e regatas curtas. Mas a organização, o gerenciamento, a construção da equipe, tudo me fez crescer e aprender. Sem falar que posteriormente o patrocínio da Prada foi fundamental para que eu e Marcelo pudéssemos participar das campanhas olímpicas de Sydney, em 2000, e Atenas, em 2004. Ganhamos um bronze na primeira e um ouro na segunda e ajudamos a consolidar a vela como modalidade olímpica mais vencedora em nosso país.

Do ponto de vista da construção de uma carreira internacional de velejador profissional, a America's Cup é o auge. Cada time investe, em média, 80 milhões de euros na campanha e o nível tecnológico e de organização é comparável ao das grandes empresas líderes mundiais em seus mercados. Aliás, muitas delas patrocinam e emprestam seus executivos para os times, que são chamados, na vela, de sindicatos. Em 1997, logo depois de conquistar o ouro em Atlanta, fui convidado pelo sindicato italiano Prada para me juntar a eles na Nova Zelândia e tentar conquistar o troféu esportivo mais antigo do mundo.

Muita coisa mudou desde 1851, quando um desafio entre uma escuna americana, a *América*, e alguns barcos ingleses em uma competição ao redor da ilha de Wight inaugurou a disputa que perdura até hoje. Mas a copa da escuna *América*, uma taça de prata linda oferecida pela rainha Vitória, ainda desperta paixões e povoa o imaginário de velejadores de todo o planeta. Por ela, pessoas, empresas e nações inteiras se unem de tempos em tempos para batalhas memoráveis.

Logo na primeira participação do sindicato Prada, na competição de 1999-2000, vencemos a Copa Louis Vuitton, que determina quem é o desafiante que vai enfrentar, na America's Cup propriamente dita, o atual detentor do título, chamado de defensor, na ocasião, os neozelandeses. Essa conquista foi, sem dúvida, um dos pontos mais altos da minha vida. E a alegria de vencer um time americano nas finais da Copa Louis Vuitton (por 5 a 4), fazendo com que, em 149 anos de disputa, pela primeira vez os americanos não estivessem presentes na grande final, foi memorável.

Os "kiwis" eram os defensores, os atuais campeões, e venceram o *match* da copa contra nós, garantindo um bicampeonato comemorado nas ruas de todo o país. Ainda assim, a experiência, a oportunidade e a visibilidade que esse evento, o quinto maior do mundo em cobertura televisiva, proporcionou foi outro grande marco na minha carreira de atleta profissional.

Foi também em Auckland, na Nova Zelândia, já na America's Cup de 2003, que Alan Adler me falou pela primeira vez que queria formar uma equipe brasileira para a regata de volta ao mundo. Na verdade, Alan me disse que sonhava com um sindicato brasileiro em uma America's Cup. Eu disse a ele que antes de mirarmos tão alto seria mais interessante tentar a volta ao mundo primeiro. Ponderei a questão econômica, mas também o quanto isso significaria para a vela brasileira e para a imagem do país no exterior. Ele concordou na hora!

BONS DE MAR E DE MESA

Chuny Bermudez faz cara feia para um prato preparado pelo chef Marcelo Ferreira

— **UM, DOIS,** três... Bum!

Eu contava na minha cabeça os segundos que o barco ficava no ar, saltando de uma onda para outra, antes de se projetar com violência na parede de água seguinte, fazendo um estrondo horroroso na cabine e tudo o mais tremer a bordo. Escrever no teclado saltitante de nossa exígua mesa de navegação era tarefa dura. Mas como a nova tecnologia fazia do e-mail a ferramenta mais racional de comunicação, eu estava até me acostumando a seguir o teclado pelo espaço aéreo da cabine. Na travessia do Rio a Portugal, já havíamos treinado a caça ao teclado, mas, naquela ocasião, o mar estava bem mais amigável. De todo modo, era sempre bom conversar com amigos e familiares por meio das mensagens eletrônicas.

Foi justamente um e-mail, do dia 18 de novembro de 2005, que deu um novo moral à tripulação. Era uma mensagem especial e dizia assim:

Prezado Torben,

É com orgulho e satisfação que me dirijo a V. Sa. e à sua tripulação para cumprimentá-los pelo brilhante desempenho. Só o fato de terem zarpado já demonstra o sucesso do projeto. Nunca nenhuma equipe brasileira disputou certame tão significativo como a consagrada Volvo Ocean Race. O arrojo, a visão estratégica, a tecnologia empregada, a construção do barco no Brasil nos mostram que além do futebol, do samba, somos capazes de desenvolver projetos muito mais ambiciosos. Vocês estão elevando o nome do nosso país e divulgan-

do, no Pavilhão Brasil, nossos produtos, nossa cultura, nossas potencialidades turísticas e a Marca Brasil pelos sete mares do mundo.

Cada brasileiro nessa hora deve estar compartilhando conosco desse orgulho.

Bons ventos,

Luiz Inácio Lula da Silva.

Sem entrar no mérito político, é lógico que receber uma mensagem do presidente da República nos encheu de orgulho e nos fez lembrar que lá longe, naquele momento, no outro hemisfério até, havia uma torcida do tamanho de um país pensando em nós. Isto era reconfortante.

Para mim, que sou filho de militar, o sentimento patriótico sempre foi incentivado e cultuado. Quantas — e grandes — emoções senti pelos pódios do mundo ao ver nossa bandeira ser erguida ao som do belo hino brasileiro. Estar ali no meio do oceano e receber aquele reconhecimento simbólico da nação só fazia o nosso veleiro, também chamado Brasil, navegar com mais energia. E velocidade era o nome do jogo.

Depois daquelas duas primeiras noites infernais na saída de Vigo, com mar muito forte e o barco dando "pranchadas" de arrepiar nas descidas das ondas, tudo o que fizemos foi cuidar do *Brasil 1* direitinho. Evitar ter o mesmo destino de nossos concorrentes americanos e espanhóis, que haviam sido obrigados a abandonar a primeira perna de oceano da regata. Mesmo assim, andamos muito bem, sem nos preocupar com os outros e segurando a liderança da flotilha.

Logo na segunda madrugada, o pessoal se agitou demais em uma troca de velas e, depois de "pescar camarão" — deixar a vela arrastar na água —, rasgamos de cima a baixo nosso único balão grande. Tive que tirar o chapéu para o Stu, o *sailmaker* do *Brasil 1*, que, depois de 13 horas seguidas de trabalho, costurando dezenas de metros de tecido, o deixou novinho. Nesse tempo todo, velejamos com o balão pequeno, mas mesmo assim fomos bem em relação aos demais. A novidade foi que eu fiquei mareado na segunda noite, depois de tirar água de dentro do barco. E havia muita. Especialmente na popa, perto do leme. Mas nada que um bom sono não recuperasse.

Até que nos acostumamos rápido com a vida a bordo. Nas primeiras noites não senti lá muito frio, mas alguns sentiram, inclusive o Marcelo, que logo ficou doente, com a garganta em petição de miséria. O que mais nos incomodou foi que estávamos sempre molhados, apesar dos impermeáveis. Aliás, quase tudo a bordo estava molhado devido à quantidade de água que passava sobre o convés cada vez que surfávamos uma onda.

O dia 14 de novembro foi de grandes acontecimentos na flotilha. Além de o *Brasil 1* assumir a liderança, os "danificados" finalmente chegaram à terra, os americanos em Cascais e os espanhóis em Portimão, ambos em Portugal. O *ABN1* teve um incidente de fogo a bordo devido a um parafuso que caiu junto à bateria, mas tudo foi logo contornado. Os australianos, que já vinham atrás, também tiveram problemas e se dirigiam à ilha da Madeira para o conserto.

Sem falar que os suecos tiveram que parar para mandar dois tripulantes mergulhar e cortar alguns cabos que haviam se enroscado na quilha e no leme quando eles, assim como nós, resolveram "pescar camarão" com o balão. E tudo isso acontecera em apenas dois dias de competição no oceano. O que mais poderia nos reservar esta primeira etapa?

A primeira perna da regata era longa — 6.400 milhas náuticas entre o norte da Península Ibérica e o sul da África —, demorada e, do ponto de vista tático, complicada, com a passagem pelos *doldrums* — as temíveis calmas equatoriais — e a obrigação de passar no portão de pontuação de Fernando de Noronha.

Até o quinto dia de regata ainda estávamos liderando. Desde o segundo dia, o *ABN1* e seu irmão mais novo haviam optado por velejar mais a oeste. Nos complicados cálculos matemáticos que a organização da prova utilizava para determinar quem está na frente em relação a um objetivo tão distante, o *ABN 1* até chegou a aparecer em primeiro por algumas horas, mesmo com o barco mais de 23 milhas (aproximadamente 40 km) ao nosso oeste. Mas, logo depois, já tínhamos novamente a satisfação de ver nosso nome no alto do relatório.

Fomos nessa balada até a latitude das ilhas Canárias e, sempre com o vento de nordeste por volta dos 15 nós, conseguimos segurar nossa posição. Entre as latitudes das Canárias e do Cabo Verde, o barco negro da Holanda finalmente atingiu o diferencial de velocidade que o caracterizava no vento de través folgado e nos ultrapassou. Mas não ficamos muito chateados, afinal, desde que a regata no oceano havia começado, era justamente a "zebra" brasileira que tinha liderado a maior parte do tempo.

A chegada a baixas latitudes tinha um efeito moral evidente na tripulação. Os dias mais quentes, mais secos, com vento e mar mais fáceis, nos permitiam ajeitar as coisas no barco. Fazer pequenos reparos e, principalmente, comer melhor. Nosso cozinheiro-chefe, Marcelo Ferreira, ainda estava meio "baleado" por causa da garganta, mas mesmo assim a melhora na comida tinha sido percebida e elogiada. Melhora, bem entendido, como o pequeno acréscimo de qualidade que um prato de alimentos desidratados e liofilizados pode ter.

Marcelo era o nosso chef e também o responsável pelas compras dos alimentos. A maior parte de nossa dieta vinha da comida industrial em pó que só era acrescida de água fervente para virar, teoricamente, um prato de macarrão, feijão ou carne. Na verdade, tudo tinha quase o mesmo gosto. Mas, com alguns extras como azeite, temperos e algum alimento fresco que levávamos no começo das etapas, a coisa melhorava muito. Marcelo dividia tudo em sacos de acordo com os dias planejados de velejada e, em cada um, colocava alguns brindes como chocolates e doces. E, se não fosse pelos "ratos" a bordo, membros da equipe que furavam os sacos e comiam justamente o melhor antes do tempo, até que a cozinha do *Brasil 1* seria razoável.

Quando você está comendo a mesma coisa por dias a fio, é incrível como a sua imaginação começa a preencher os pequenos vazios de gostos palatáveis. Se você se aprimorar na "meditação", consegue até sentir um gosto de comida de verdade naquela gororoba pastosa. De qualquer forma, se havia alguém que conseguia transformar aquilo tudo em algo agradável era o Marcelo. E, para nossa alegria, com o barco mais estável, a sua arte culinária foi ao máximo.

Nosso próximo objetivo no momento era o portão de Noronha. Lá estaria em jogo nada menos que metade dos pontos totais de uma perna, e passar por lá em uma boa posição equivalia o mesmo, em pontos, a uma boa colocação em uma regata de porto. Sem dizer que, para nós, representava uma volta para casa e uma lembrança recente e muito prazerosa das poucas horas que estivemos naquele pedaço de paraíso, quando fizemos a travessia para Portugal.

Entre a posição em que estávamos e o arquipélago de Fernando de Noronha, havia ainda o Equador e suas terríveis calmarias. A zona de convergência intertropical é uma região do planeta onde os sistemas meteorológicos dos hemisférios, Norte e Sul, coexistem e é caracterizada pela ausência de ventos, alta umidade e grandes nuvens isoladas de chuva que trazem, às vezes, rajadas fortíssimas e desencontradas. Em inglês este lugar se chama *doldrums* e, em francês, *pot au noir*. Para os portugueses, são as calmas equatoriais mesmo e nós teríamos que lidar com elas.

Vimos muitas nuvens de chuva, ventos repentinos muito fortes e grandes "buracos de vento" também. Ou seja, locais sem nenhuma brisa. Nesta altura, um efeito colateral de nossa nave de carbono começava a cobrar seu preço: o calor excessivo. Como a cabine do *Brasil 1* era toda vedada — bem, pelo menos deveria ser —, nas regiões tropicais o interior do barco se transformava em um verdadeiro forno. E nós éramos as empadinhas. O nosso veleiro tinha esta incômoda característica. Era uma espécie de potencializador das temperaturas indesejáveis. No frio, era muito, muito frio, e no calor... Basta dizer que um dia o termômetro da cabine marcou 48 graus.

Mesmo com os novos desafios, físicos e mentais, a turma estava no melhor da sua performance. Nosso veleiro navegava no encalço do *ABN1* e estávamos mais adaptados à vida no mar e ao regime de turnos. No *Brasil 1*, o sistema que usávamos era simples. Havia duas turmas, que se revezavam continuamente em turnos de quatro horas. Cada turma tinha dois timoneiros que, dentro do seu turno, também se revezavam no leme de acordo com seu cansaço, necessidade ou vontade. Eu e o navegador estávamos sempre fora de turno para cobrir eventuais necessidades e para monitorar o barco, seu desempenho e sua navegação. E também para poder substituir alguém que estivesse impossibilitado, como foi o caso do Marcelo e sua febre nos primeiros dias.

Em um barco como o VO70, com tripulação reduzida para seu peso e tamanho, qualquer manobra mais pesada com troca de velas requeria a presença de todos no convés. É a famosa frase em inglês: *All hands on deck!* (Todas as mãos no convés!). Algo que, quando você ouve no conforto do seu beliche, jamais soa agradável. Foi justamente por isso que, nesta primeira perna, com o Marcelo recolhido por causa da amidalite e nossa navegadora com menos força física por ser mulher, pensei pela primeira vez que talvez fosse melhor ter um homem na navegação. Mais dois braços fortes nas manobras. Mas naquele momento não havia nada a ser feito.

No domingo, dia 20 de novembro, por volta das 17 horas GMT (horário de Greenwich), cruzamos o Equador. Desta vez, não houve a tradicional festinha de Netuno, já que não havia mais novatos a bordo. Mesmo assim, é sempre um marco psicológico importante ver a latitude norte zerar e começar tudo de novo para o sul. É uma sensação de renovação, embora objetivamente nada tenha mudado. Além do mais, sabíamos que Noronha estava logo ali depois do Equador e queríamos chegar rápido lá.

— Quebrou a adriça de novo! — dizia em inglês o nosso proeiro neozelandês Andy Meiklejohn.

— O quê? — gritei de volta, incrédulo, da entrada da cabine.

— Quebrou de novo! — repetiu ele, a plenos pulmões.

— Merda! De novo, não! — murmurei baixinho, quase que para mim mesmo.

A adriça é o cabo que sustenta a vela por cima, que iça a vela e a mantém no alto. Na ida para Portugal, a adriça da genoa — a grande vela triangular de proa — já havia se partido. Poucas horas antes de cruzarmos o Equador, também. E, agora, ela se quebrava novamente. Que saco!

Cada vez que isso acontecia, o Andy tinha que subir ao topo do mastro, que equivale a um prédio de dez andares, e colocar uma reserva. Estávamos sem adriças extras e desta vez fizemos uma improvisação. Mas o pior de tudo era que, com a quebra em um momento importante, acabamos sendo superados pelo *Ericsson* e depois pelo *ABN2*. Coisas normais em um rali oceânico em barcos tão iguais, mas absolutamente desnecessárias naquele momento.

Com tantos infortúnios, resolvemos caprichar ao máximo e trocamos de vela de proa pelo menos umas dez vezes em menos de 24 horas, aproveitando cada pequena rondada ou mudança na intensidade do vento. Valeu a pena o esforço. Amanhecemos perto do *Ericsson* e do *ABN2* e conseguimos, durante o dia, ultrapassar o barco dois da Holanda. A tripulação estava exausta, principalmente o Andy, que passou um total de quase duas horas no topo do mastro durante este tempo. Mas nosso dever estava cumprido.

A passagem por Noronha foi emocionante. Um navio-patrulha da Marinha do Brasil nos acompanhou, com os marinheiros dando vivas o tempo todo e alguns amigos que fizemos em nossa curta estada lá, dois meses antes, também nos seguindo e incentivando. Aquele lugar é muito especial, e passar lá sem parar é quase um pecado, mas nada podíamos fazer. Com o problema na adriça, cruzamos em terceiro no portão de pontuação de Fernando de Noronha, apenas 28 minutos atrás dos suecos e 14 minutos na frente do *ABN2*. Com isso, mantivemos nossa segunda posição geral na tabela de pontos do Volvo Ocean Race, atrás apenas dos suecos, que haviam vencido em Sanxenxo e conseguiram passar no portão de pontuação na nossa frente, atrás apenas do *ABN1*.

De Noronha para a Cidade do Cabo, a linha de chegada da primeira perna, o menor caminho definitivamente não era uma reta. Entre o arquipélago brasileiro e a ponta da África do Sul, teríamos que negociar com a alta pressão do Atlântico Sul, um sistema meteorológico de ventos fracos que fica estacionado bem no meio do oceano e, literalmente, no meio do nosso caminho. A melhor forma de chegar à África seria contornar a alta pressão, descendo paralelo à costa do Brasil e, depois, já em latitudes mais altas, dobrar à esquerda (para nós) e rumar para a chegada.

Logo depois de Noronha tudo ia bem, apesar de alguns contratempos, como o enrolador da vela *code zero* que quebrou por um erro de manobra. A enorme vela, a maior de todo o enxoval, estava em cima e foi difícil colocá-la para baixo sem poder enrolá-la. Sem falar que a vela gigantesca guardada na cabine do barco, desenrolada, era um transtorno. Sorte que Andy, depois, fez um reparo de fibra de carbono na peça de alumínio e deu certo. Enrolamos a *code zero* e tudo voltou ao normal.

Nossa vida oceânica era assim. Um problema, um susto, uma pequena perda e uma solução. Sorte que nos outros barcos as coisas não eram muito diferentes. Descendo a costa do Brasil, mesmo que bem distante dela, a vida a bordo estava bastante boa. O que incomodava mais era a umidade, pois tudo estava constantemente molhado no convés devido à velocidade do barco e ao *spray* — borrifo de água — constante decorrente dela. Dentro do *Brasil 1* tudo também estava sempre úmido com o entra-e-sai das pessoas em seus impermeáveis encharcados e por causa da água que escorre das velas o tempo todo.

Depois de alguns dias de sonho, com o barco andando veloz nos ventos mornos e constantes do meio do Atlântico, chegamos a um momento importante da primeira perna da regata: a hora de dobrar a esquina. Como, para nós, o boletim de posições só chegava de seis em seis horas, neste intervalo não sabíamos como estavam indo os outros barcos e ficava difícil escolher o melhor ângulo e velocidade para cobrir os adversários.

No dia 25 de novembro, escrevi no diário de bordo:

Falta apenas meia hora para o próximo boletim de posição. Da última vez, perdemos algum terreno, mas sabíamos que iria acontecer, pois estávamos muito perto da zona de alta pressão e era necessário navegar mais baixo e mais lento para nos afastar um pouco dela. Também pegamos menos vento, justo por estarmos perto demais.

Neste último período, o vento esteve bem melhor, mas não sabemos direito como esteve para os outros, se melhor ainda, ou não. Navegamos com mais velocidade para evitar perder mais milhas em relação ao objetivo. O ABN1 *continua em uma posição de certo conforto, pois pode optar por navegar alto e rápido a qualquer momento. Está fazendo uma tática conservadora e, com a velocidade que demonstrou no primeiro trecho da perna e com a vantagem que tinha ao entrar para esta, faz sentido.*

Para nós até que esta etapa está sendo boa. A bordo, o clima entre as pessoas está ótimo e todos estão dando tudo para mantermos esta posição. O tempo passa rápido com a rotina e os afazeres de bordo, que não são poucos. O calor da concorrência acirrada também mantém o clima de competição, o que para nós é ótimo.

A situação logo saiu do perigo da alta pressão com seus ventos fracos para as altas velocidades da frente de baixa pressão que nos impulsionava. Na transição, perdemos algum terreno, mas ainda estávamos em boa situação.

O vento, que soprava a 25 nós, nos levava a velocidades acima dos 20 nós (quase 40 km/h). Constantes! A previsão era de que o vento pudesse alcançar até 35, 40 nós, caso em que teríamos que reduzir ainda mais os panos. O barco já estava no limite, dando focinhadas nas ondas da frente, apesar de todo o peso já estar na popa e os tanques de lastro traseiros completamente cheios. Uma sensação completa de aventura.

Nestas velocidades, era adrenalina, emoção e prazer para quem estava no convés trabalhando. Mas dentro do *Brasil 1* era como estar em um ônibus, sem janelas, todo preto, a toda, em uma estrada de terra ruim. Sensação ainda pior para quem tentava trabalhar em um teclado saltitante em luz de boate. Mas este era o preço das incríveis velocidades que estes barcos são capazes de atingir.

Nossa disputa continuava acirrada com o segundo barco holandês e com os suecos. Os velejadores do barco número um da Holanda continuavam com uma boa vantagem, mas nada que nos parecesse impossível de tirar. O incrível era que chegávamos a atingir 20 nós de velocidade com apenas 12 nós de vento. Isso mesmo, o veleiro andava bem mais rápido que o vento. O barco começava a acelerar, descendo "jacaré", o vento aparente ia aumentando e a velocidade também. Quando menos se via, lá estávamos, a mais de 20 nós, surfando no meio do oceano.

À medida que os dias passavam, íamos descendo para o sul e experimentando as características daquelas latitudes. Vimos pela primeira vez alguns albatrozes. Que criatura formidável, que elegância e eficiência de vôo. Esses grandes pássaros de asas enormes, infelizmente, estão ameaçados de extinção. Eles habitam a zona austral do planeta e são conhecidos companheiros de navegantes desses mares.

Outra grande mudança foi a temperatura. Já usávamos os sacos de dormir e, lá fora, no convés, alguns já comentavam o frio. A grande mudança foi devido à temperatura da água do mar, que caiu drasticamente em poucos dias. Estes eram os sinais de que estávamos nos aproximando da Cidade do Cabo e do fim desta primeira etapa oceânica de nossa aventura.

O problema a bordo, neste finalzinho da etapa, eram os "ratos". Este mesmo problema havia acontecido anteriormente na ida do Rio para Noronha. E parece que eles proliferam rapidamente, pois não havia mais um chocolate sequer a bordo, e o principal suspeito, na época, Alan Adler, conhecido chocólatra, não estava no barco desta vez. Mistério!

Fora isso, tudo estava indo melhor que o esperado. Estávamos dando duro para conseguir uma boa margem sobre os suecos e encostar um pouco nos da frente, embora, com as condições de vento mais constantes e de boa intensidade, nossas chances contra os holandeses fossem pequenas. Prova disso é que no dia 27 de novembro o *ABN2* quebrou o recorde de singradura em 24 horas, com 539 milhas percorridas em um dia. E logo depois, o irmão mais velho, o *ABN1*, bateu o mesmo recorde, com 546 milhas velejadas em 24 horas à incrível média de 22,75 nós. Nós também andávamos próximos do limite, perfazendo quase 500 milhas diariamente e rumando céleres para o continente negro.

Com o cansaço da tripulação, começou uma disputa pelas macas boas, os melhores beliches, do centro do barco. As da popa balançavam muito com o movimento do veleiro e recebiam diretamente o som das manobras no convés. As da proa tinham muita umidade e eram barulhentas também. Isto sem falar que uma maca da proa estava quebrada. Ela se partira comigo na primeira noite e o Bochecha bem que havia tentado consertar, mas durou pouco e a nova vítima foi o Stu, que despencou de lá em uma onda mais forte. Apesar disso, éramos só animação e vontade de chegar.

No dia 29 de novembro, já perto de Cape Town, fomos informados de que o *Ericsson* também sofrera um problema na quilha e estava velejando em modo de segurança, apenas para chegar a salvo. A notícia foi muito triste, por um lado, já que os suecos tinham sido bons adversários ao longo de toda a etapa; e boa, por outro, porque éramos naquele instante o único barco projetado por Bruce Farr que não tivera problemas sérios na área da quilha. Ponto para Horácio Carabelli e sua equipe, e mais um motivo de orgulho para os brasileiros.

Finalmente, no dia 2 de dezembro de 2005, depois de vinte dias de mar, avistamos o continente africano. A famosa montanha da Mesa, símbolo de Cape Town, estava à nossa frente. Mas, por uma daquelas ironias da vida, as últimas 20 milhas de regata foram percorridas em nada menos que seis longas horas, à média de míseros 3,3 nós de velocidade e à custa de muita força mental e ansiedade. Chegamos em terceiro, a pouco mais de 16 horas do *ABN1* e menos de oito horas depois do *ABN2*. Com o resultado naquela perna, mantivemos a nossa vice-liderança geral e pudemos comemorar com aquele megachurrasco tipicamente brasileiro que depois viraria um dos clássicos da regata de 2006. Era a turma da boa mesa chegando à terra da Table Mountain. Nada mais adequado.

ONDE TUDO COMEÇOU

Quando ainda se chamava Whitbread, a regata de volta ao mundo realizou uma de suas etapas em São Sebastião, no litoral norte de São Paulo

VISTA por um instante, a mesa do bar na cidade de Portsmouth, na Inglaterra, não pareceria diferente de nenhuma outra. Os homens que riam alto e entornavam seus copos boca adentro não pareciam nada incomuns, nem o inconfundível cheiro de cigarro com cerveja que pairava no ambiente era diferente. Só que naquele pub, no ano de 1971, aqueles homens, por estarem bêbados ou apenas por serem homens, faziam uma aposta. Uma aposta que mudaria o mundo esportivo internacional. Aqueles senhores beberrões, entre eles o almirante Otto Steiner, da academia de vela da armada britânica, e o coronel Bill Whitbread, da tradicional família de cervejeiros, acabavam de inventar, sem saber direito, uma das maiores aventuras da vela: a regata de volta ao mundo.

Inspirados pelo desafio que o jornal inglês *The Sunday Times* criara em 1967, a Golden Globe Race — um prêmio em dinheiro para o primeiro velejador do planeta que completasse uma volta ao mundo em solitário e sem escalas —, aqueles navegadores queriam criar o que seria a mais dura, contínua e longa competição esportiva da humanidade, uma regata real de volta ao mundo. Um ano de provações e peripécias. Uma competição em que todos os sentidos e sentimentos humanos estivessem envolvidos em um enduro físico e mental de grandes proporções.

Claro que não foi fácil conseguir um patrocínio para a idéia. Se não fosse pela academia de vela da armada britânica, que desde o primeiro momento apoiou a regata, prometendo usar suas facilidades de comunicação e infra-estrutura ao redor do mundo, a centenária cervejaria Whitbread não entraria na jogada. A marinha inglesa queria também usar a prova como meio de treinamento para seus homens e, no final, foi o barco dos seus oficiais que venceu a primeira perna da primeira regata, em 1973. Uma justiça, feita pelo acaso, com os principais responsáveis pela existência da aventura.

Eu estava com 13 anos de idade quando tive meu primeiro contato com a regata de volta ao mundo. Por sorte, já naquela primeira edição do maior desafio da vela mundial, o Rio de Janeiro foi um dos portos de parada. Por mais sorte ainda, o nosso clube em Niterói, o Rio Yacht Club, carinhosamente chamado de Rio Sailing por só aceitar barcos a vela, era um clube fundado por ingleses. Oriundos da construção da Leopoldina Railway, os ingleses radicados na parte leste da Baía da Guanabara fundaram o clube em 1914, um dos mais antigos e, até hoje, dos mais ativos da vela brasileira. Como a primeira edição da Whitbread era também uma obra de ingleses, nada mais natural do que receber aqueles bravos homens do mar na varanda do nosso clube, do outro lado da Guanabara.

Eu lembro que aquele monte de personagens barbados e felizes, com suas histórias de perigo e aventura, fascinavam a turba de crianças que consideravam, àquela altura, o máximo da bravura náutica correr alguma regata fora da boca da barra, no oceano aberto. Lembro-me ainda que os velejadores do clube, entre eles meu avô, meus tios e até mesmo o meu pai, que não velejava, mas era um desportista nato, ouviam, empolgados, as narrativas daqueles marinheiros.

Até ali, a maior peripécia a vela que eu havia presenciado tinha sido ver o meu avô, o dinamarquês Preben Schmidt, mestre dos meus tios e meu próprio mestre, com as mãos quase em carne viva depois de colocar a vela balão no seu clássico barco de 6 metros, o *Aileen*, quando uma rajada na pedra do Morcego, em Niterói, fez uma escota — o cabo de náilon que sustenta a vela — correr na sua mão.

Os anos se passaram e, em 1977, tive novamente a oportunidade de ver de perto os barcos da regata de volta ao mundo na sua segunda edição. Mais uma vez, os ingleses foram recebidos com festa no clube em Niterói. Mas, naquela ocasião o que mais me chamou a atenção foi um barco francês, o *Pen Duick*, de Eric Tabarly, naquele momento já uma das maiores lendas dos oceanos. As linhas clássicas do seu casco, a manutenção impecável de seu cordame e velas, sem contar a postura de seu comandante, eram coisas inesquecíveis para um jovem navegador como eu, àquela altura já bem mais afeito às coisas do mar.

Depois, como já contei aqui, a vida acabou me levando mais para o outro lado, o da vela olímpica e de regatas de monotipos. Mas nunca deixei de correr no oceano e sempre nutri, no meu íntimo, o sonho de um dia me tornar também um daqueles homens que eu via no clube quando criança. Um aventureiro dos sete mares.

Sempre que pude, me meti em regatas *offshore*. Pelo puro prazer de navegar e para ir me aproximando do meu próprio destino — hoje, eu sei. Em 1990, em uma dessas regatas, fomos vice-campeões mundiais de One Tonner, então uma das mais competitivas classes de oceano, no barco italiano *Brava*. E, no ano seguinte, fomos os campeões na classe.

Em 1991, participei também da tradicional Admiral's Cup, na Inglaterra, no mesmo barco, e fomos vice-campeões. Como parte daquela copa, pude correr também, e quase ganhar, por muito pouco, já que ficamos em segundo, a legendária regata Fastnet, que, em 1979, entrou para a história da vela quando uma tempestade gigantesca se abateu sobre a flotilha e tirou a vida de vários competidores. Foi naquela edição da Admiral's Cup que tive a honra de receber o prêmio das mãos do príncipe Charles e da princesa Diana. Uma demonstração inequívoca do prestígio que a vela desfruta na elite européia.

Naquele mesmo 1991, corri a Copa del Rey, em Palma de Mallorca, na Espanha, pela segunda vez, no *Bribón*, barco do monarca espanhol Juan Carlos. O rei, um grande velejador e uma figura muito simpática e carismática, quando soube que meu vôo de volta para o Brasil sairia de Madri, me convidou para voltar à capital no seu helicóptero. Para minha surpresa, ele mesmo foi pilotando, e a viagem durou um pouco mais que o previsto porque, a cada vila, cidade ou ponto de interesse, ele contornava, diminuía a velocidade, baixava a altitude e, para meu deleite e dos outros convidados, ia explicando coisas e contando histórias sobre os locais. Foi o melhor guia turístico que eu encontrei na minha vida e uma lição inesquecível de amor pelo seu país que recebi.

Poucos sabem, mas a minha maior experiência em tempo contínuo no mar, mesmo contando a Volvo Ocean Race, foram os 24 dias que passei a bordo do *Super Hombre*, na regata Cape Town–Rio de 1993. Foi nessa competição que, incentivado por Cacau Peters, o grande responsável por inocular em mim o vírus da volta ao mundo e primeiro brasileiro a tentar formar uma equipe nacional para a prova, eu tive minha primeira experiência de comando no alto-mar.

Em 1992, Cacau me procurou, me deu alguns vídeos sobre a Whitbread e falou do seu sonho de formar uma equipe brasileira para disputar a prova. Fizemos várias reuniões em São Paulo, trabalhamos muito e conseguimos — bem, o Cacau conseguiu patrocínio para formar a equipe para a Cape Town–Rio 93.

Naquela ocasião, em 1993, Cacau e eu reunimos uma tripulação e fomos para a Cidade do Cabo com a esperança de usar essa experiência como o embrião de um futuro projeto para uma equipe brasileira na regata de volta ao mundo. O barco, o *Super Hombre*, era um Fast 395 de 40 pés com quase nada que pudesse colocá-lo na categoria de barco de regata. Não tínhamos dessalinizador, que permitisse levar menos água e, portanto, menos peso; nossa comida não era desidratada; as velas eram apenas razoáveis; e o barco era, na verdade, um veleiro de cruzeiro. Mesmo assim, conseguimos um honroso nono lugar no final. Fora a velejada, que foi maravilhosa.

Lógico que alguns contratempos testaram nossa disposição, e talvez o pior deles tenha sido logo na saída da regata, quando pegamos uma tempestade que partiu em dois a retranca — a peça perpendicular ao mastro que fica na base da vela grande —, rasgou um de nossos panos e deixou o leme meio solto. Mesmo assim, decidimos não voltar e fizemos uma velejada histórica, que me marcou profundamente e foi a base do primeiro projeto sério de criar um time brasileiro para correr a Whitbread/Volvo Ocean Race.

Antes de largar a regata, ainda na África, quando terminamos de abastecer o barco, eu olhei para a linha-d'água, a marca que mostra o nível de flutuação da embarcação, e o veleiro estava bem afundado, pesado. Nossa água potável era toda em garrafas de água mineral e a quantidade de comida embarcada também era enorme. Éramos quase um navio de carga e ainda assim corríamos o risco de ficar sem víveres ao longo da jornada.

Depois, já no oceano, quando pegávamos uma calmaria e nossa previsão de chegada subia, vinha logo aquela angústia:

— Vamos ter que racionar!

Aí era só pegar um ventinho e eu dizia:

— Galera, podemos tomar mais água!

Quando uma das velas rasgou, eu convenci um tripulante a consertá-la, no calor da cabine, com agulha e linha, oferecendo mais alguns litros de água por dia durante o trabalho. Claro que ele topou, mas o calor na cabine o fazia suar tanto, coitado, que acho que no final o "pagamento" não deve ter compensado.

Apesar de todas as dificuldades, essa primeira grande experiência no oceano foi um divisor de águas para mim. Se, por um lado, a carreira olímpica e os monotipos iam cada vez melhor, por outro, ter podido estar ali, mesmo que em um barco não tão competitivo, mostrou-me que eu tinha dentro de mim o desejo e a aptidão para realizar grandes travessias oceânicas. Se não fosse pelo *Super Hombre*, talvez o *Brasil 1* jamais tivesse existido.

Outra viagem oceânica marcante que fiz foi a bordo do barco de um grande empresário alemão, o *Morning Glory*. Em 1995, saímos de Los Angeles e fomos até Honolulu, no Havaí, na famosa Transpac Race. Foram dez dias de travessia naquele veleiro de sonho, uma verdadeira máquina de regatas. No ano seguinte, corri no mesmo barco uma das mais duras regatas de oceano do planeta, a Sydney–Hobart, sob o comando da lenda da vela e maior vencedor da America's Cup de todos os tempos, o neozelandês Russell Coutts. Naquela oportunidade, batemos o recorde da prova, com o tempo real de dois dias, 14 horas, sete minutos e dez segundos, que pertencia ao *Kialoa* desde 1973. Foi outra velejada dura, mas inesquecível.

Quando Cacau Peters finalmente conseguiu trazer de volta para o país a parada da Whitbread, depois de mais de uma década em que se usava a cidade de Punta del Este, no Uruguai, como escala, o Brasil pôde experimentar o frenesi que a regata, já um evento de mídia global e altamente profissionalizado, proporcionava. Nesta mesma edição da regata de volta ao mundo, em 1998, então chamada de Whitbread for the Volvo Trophy, preparando a mudança do patrocinador principal, eu havia sido convidado para correr no *Innovation Kvaerner*, barco do norueguês Knut Frostad, que depois nos acompanhou no *Brasil 1* nas etapas dos mares do sul.

Não pude aceitar porque meu compromisso àquela altura era com a America's Cup. Mas fiz a terceira perna da prova, de Perth até Sydney, na Austrália, e pude experimentar um pouco do oceano do sul e dos veleiros W60, que depois seriam substituídos pelos mais radicais ainda VO70 na edição 2005-2006 da regata. Chegamos em quinto lugar, mas estivemos no pelotão da frente o tempo todo e aquela pequena amostra grátis só aumentou minha vontade de fazer um dia o circuito completo.

Desde 1973, quando vi pela primeira vez o que era uma circunavegação, eu tinha uma sensação de incompletude. Mais até que na minha carreira de atleta, na minha vida mesmo, ainda faltava aquela volta ao mundo. A aventura máxima!

Para conseguir realizar um empreendimento desta magnitude no nosso país, onde a vela, apesar das conquistas importantes dos nossos navegadores, nunca foi um esporte muito valorizado e com grande presença na mídia, era preciso antes criar uma cultura favorável — não só do ponto de vista dos espectadores, mas também dos possíveis patrocinadores e dos próprios velejadores.

Por várias noites durante a regata, a bordo do *Brasil 1*, nos meus turnos de descanso, eu lembrei de como esse projeto havia nascido, como ele foi profissionalmente estruturado, mas como também foi fruto de uma certa dose de acaso. As peças haviam se encaixado naturalmente e agradeci muito a Deus por isso.

Pessoas como Cacau Peters e Alan Adler, cada um ao seu tempo, com *timing* exato, contribuíram de forma capital para que o *Brasil 1* acontecesse e, no final, alcançasse o sucesso que teve. Talvez o grande, último e fundamental golpe do destino, que permitiu que tudo saísse do papel e se tornasse realidade, tenha sido a conquista da segunda medalha de ouro olímpica, em Atenas, na classe Star, com meu companheiro de longa data Marcelo Ferreira. Ali, eu senti que realmente teríamos condição de realizar o projeto da volta ao mundo. Não foi à toa que, quando me ligou para dar os parabéns, Alan Adler disse satisfeito:

— Agora vai!

Alan e a família Adler sempre foram muito próximos de mim e da minha família. Seu pai era adversário constante de meus tios nas raias da Guanabara e seu irmão, Daniel, com quem conquistei a prata em Los Angeles, foi meu companheiro na classe Soling. Alan é também um velejador olímpico e fez diversas campanhas na classe Flying Dutchman, estando presente conosco em várias olimpíadas. Além disso, ele foi campeão mundial de Star e sempre um adversário duro nessa classe, que, na minha opinião, é a melhor de todas.

Quando Alan deixou a empresa da família e fundou a Vela Brasil, em 2002, a história da vela brasileira começou a mudar. Com a experiência de anos e anos como executivo de indústria, trouxe para a administração esportiva uma visão diferente daquela, quase amadora, a que estávamos acostumados. Criou um conselho na empresa que reunia grandes nomes da vela brasileira e grandes nomes do empresariado nacional ligados ao esporte, e idealizou um evento chamado Match Race Brasil, que foi a base concreta do projeto do *Brasil 1*.

O Match Race Brasil, como o nome diz, era corrido no formato *match race*, barco contra barco. Sua realização, a partir de 2003, colocou a vela na grande mídia e trouxe para o nosso esporte parceiros de peso que estão presentes até hoje. Por só ter dois barcos competindo, o formato é mais simples de entender para o público em geral e mais fácil de transmitir pela TV. Com raias curtas, normalmente as regatas são próximas da costa.

A enorme cobertura jornalística, a proximidade dos convidados, patrocinadores e parceiros e o respeito que toda a comunidade da vela logo teve pelo evento transformaram o Match Race Brasil em um dos maiores casos de sucesso da vela brasileira. O retorno obtido pelo investimento mostrou concretamente para os patrocinadores que a vela era um bom negócio e abriu as portas para que o projeto *Brasil 1* fosse comercializado com sucesso. Nosso barco não nasceu em um pub, como a regata de volta ao mundo, mas certamente foi também fruto de uma aposta. A aposta no enorme talento e potencial da nossa gente. A aposta de que teríamos condições de vencer.

ÉOLO, O MAL-HUMORADO

Ventos fortes e mar revolto castigam o Brasil 1

QUANDO você chega do mar, a primeira coisa que quer fazer é tomar um banho. Farto, pleno, com água abundante. Depois, quer comer bem, de preferência em um lugar estável, que não balance nem um milímetro. Por fim, quer uma noite inteira de sono. Tranqüila, confortável. E se for do lado da mulher que você ama, tanto melhor.

Eu já havia chegado do mar muitas vezes. Em todas elas, de uma ou outra forma, pude experimentar a enorme alegria de voltar ao solo firme. Na Volvo Ocean Race, era diferente. Você chegava e a turba de repórteres de todo o mundo estava lá, pronta para apontar seus microfones na sua direção. Por mais cansado que você estivesse, por mais saudades que você sentisse dos seus, os jornalistas eram os primeiros a serem atendidos. Sempre.

Não que isso me incomodasse profundamente, afinal, a regata de volta ao mundo era um evento de alcance global e era bom que fosse assim. Foi para o nosso assessor de imprensa que eu dirigi as primeiras palavras na chegada à Cidade do Cabo: "É frustrante andar tanto durante a etapa e nos últimos momentos andar tão pouco. Mesmo assim, foi uma regata muito boa para nós e o segundo lugar geral é importantíssimo. Estou muito contente com a performance do *Brasil 1*", eu disse, antes mesmo de pisar em terra.

Cansados, mais magros, mas felizes, comemoramos muito a chegada ao porto, depois de exatos 19 dias, 15 horas e 58 minutos de esforço e trabalho a bordo do nosso veleiro. Sem dúvida, o momento de maior sofrimento foi justamente o trecho final, quando enfrentamos uma forte calmaria e precisamos de seis horas para fazer as últimas 20 das 6.400 milhas náuticas do percurso. De todo modo, o *Brasil 1* fora o único participante a garantir lugar no pódio nas três situações de pontuação até ali. Fomos os segundos na *in-port race* de Sanxenxo, na Espanha, terceiros no portão de pontuação de Fernando de Noronha e também terceiros na chegada à Cidade do Cabo. Nada mal!

Logo na nossa chegada, surgiu a primeira crise do time e talvez a única realmente importante em toda a jornada ao redor do globo: trocamos de navegador. Pouco antes de voltar ao Brasil, onde eu e outros velejadores da equipe passaríamos alguns dias, tive que tomar a amarga decisão de substituir Adrienne Cahalan. A australiana, que acabou se tornando a única mulher a participar da edição 2006 da regata de volta ao mundo, obviamente ficou muito desapontada e acabou dando algumas declarações equivocadas aos jornais do seu país, onde ela é um ícone esportivo. Algo compreensível em um momento de frustração, mas chato.

Na verdade, o que nos motivou a fazer a substituição foi o fato de não podermos prescindir da força física de um tripulante, no caso o navegador, que normalmente passa a maior parte do tempo na cabine de frente para os monitores da mesa de navegação. O começo em altíssima adrenalina nos mostrou que, no limite, enfrentando uma tormenta, por exemplo, dez tripulantes eram pouco para o VO70. Além disso, quando Marcelo Ferreira ficou doente e fora de combate por quase uma semana, pensamos em ter mais um homem a bordo. Alguma insegurança na tomada de decisões táticas importantes também me fez repensar o ocupante do posto de navegador, que, afinal, é fundamental nas regatas de oceano.

O Alan conversou com Adrienne e depois eu mesmo a convidei para permanecer como uma consultora de meteorologia do time, mas ela, infelizmente, não aceitou. De qualquer forma, convidamos o holandês Marcel van Triest para ser o novo navegador do *Brasil 1*. Ele é um navegador muito experiente, principalmente nos mares do sul, o nosso desafio na próxima etapa. Era muito mais forte fisicamente, além de ser um velho conhecido meu da edição 1998, quando navegamos juntos no *Innovation Kvaerner*.

Veterano de cinco Whitbread/Volvo Ocean Race, Marcel tinha sido navegador do *SEB*, barco sueco que foi o segundo colocado na etapa entre a África do Sul e a Austrália na regata anterior e, aos 41 anos, estaria partindo para sua quinta volta ao mundo. Enfim, um amigo de longa data que só traria coisas boas para o *Brasil 1*.

Com a tripulação recomposta, partimos para os merecidos dias de descanso, que no caso da primeira etapa não chegariam a três semanas. Enquanto isso, o time de terra trabalhava freneticamente para deixar tudo pronto para a segunda perna, uma das mais difíceis, longas e das mais importantes, pois era a única que tinha dois portões de pontuação, um nas ilhas Kerguelen, no meio do oceano Índico, e outro nas ilhas Eclipse, no sudoeste da Austrália. Antes, porém, havia mais uma regata de porto na própria Cidade do Cabo. E nós já havíamos percebido que regularidade era importantíssimo no novo formato de disputa da volta ao mundo. Portanto, estávamos ansiosos para velejar novamente, apesar de felizes em poder descansar um pouco.

Marcada para o dia 26 de dezembro, a regata local da África do Sul não era bem o presente de Natal ideal para nós e nossas famílias. De qualquer forma, fizemos uma animada festa natalina coletiva, no hotel em que estávamos hospedados. Mais de 15 crianças, filhos de membros da tripulação, de vela e de terra, nos lembraram que a data era uma ocasião familiar e o norueguês Knut Frostad, o tripulante nascido mais perto do Pólo Norte, fez as vezes de Papai Noel. A molecada se divertiu a valer. Andrea, minha mulher, Marco e Martine, meus filhos, estiveram presentes e com o perdão do trocadilho pobre, foram realmente os meus melhores presentes de Natal. Como era período de férias escolares, aproveitamos para reunir toda a família.

No dia 25, todos tivemos folga e fomos conhecer os pontos turísticos da Cidade do Cabo, não sem uma certa apreensão. O vento no oceano, naquele dia, soprava a mais de 40 nós, o que poderia até inviabilizar a realização da regata local. Eu, aliás, achava que ventos tão fortes poderiam submeter desnecessariamente os barcos a riscos de acidentes, danos materiais e até a contusões de tripulantes. Não seria prudente correr esses riscos a apenas uma semana da largada da segunda perna. Mas estávamos prontos para o que a organização decidisse. E ela decidiu manter a regata.

No 26 de dezembro, o dia amanheceu estranho. Aparentemente calmo, mas com previsões assustadoras. Nós tivemos três dias de preparação depois que o barco voltou para a água. Não era o tempo ideal, mas fizemos o melhor possível dentro do prazo. A equipe de terra trabalhou duro e fez uma série de reforços no *Brasil 1*, já pensando nas duas próximas etapas da competição. No time de vela haveria duas substituições para a regata de porto: a de Adrienne por Marcel, claro, e a de Horácio Carabelli por Knut Frostad, que seria parte da equipe nas etapas do oceano do sul. Fora o nosso 11º homem das regatas locais, Alan Adler, que também estaria presente.

Os barcos que haviam abandonado a primeira perna naquela fatídica primeira noite, o *Movistar*, da Espanha, e o *Piratas*, dos EUA, já haviam se reintegrado à flotilha. Os espanhóis colocaram seu barco em um veloz navio de cargas leves e os americanos usaram os serviços dos famosos aviões da antiga União Soviética, os Antonov, os maiores cargueiros do planeta que agora voavam sob bandeira ucraniana.

Quando chegamos à área de largada, o vento já soprava a 22 nós sustentados e nas rajadas chegava fácil a 26 nós (quase 50 km/h). Por conta disso, não subimos a vela grande toda, deixando a sua parte inferior amarrada à retranca. Obviamente, todos os nossos concorrentes fizeram o mesmo. Como nas outras largadas, pedi que Chuny Bermudez timoneasse o barco para que eu pudesse me concentrar na tática. E dessa vez nós acertamos em cheio. Na hora do tiro, que quase não se ouviu, tamanho o barulho do vento e dos helicópteros, estávamos no lugar certo, no lado da bóia, e fizemos uma largada excelente.

Como na vela as largadas são em movimento, quando você acerta e cruza com velocidade, sem "queimar" a linha, é uma vantagem muito grande, e foi isso que fizemos em Cape Town. Por isso mesmo, logo no começo do primeiro contravento, estávamos bem na frente, para a alegria dos ruidosos torcedores brasileiros que sempre estão presentes em todo o mundo.

As regatas de porto da Volvo Ocean Race, assim como a maioria das regatas em flotilha, eram disputadas ao redor de bóias que demarcam um percurso, subindo na direção do vento e depois descendo a favor dele, em sucessivas pernas. Nenhum veleiro consegue navegar diretamente contra o vento e é preciso ir fazendo ziguezagues. Uma coisa curiosa é que os barcos mais modernos não andam no máximo da velocidade quando estão com o vento diretamente a seu favor. Também é preciso ir ziguezagueando para obter a melhor performance. Acontece que o vento muda de intensidade e direção o tempo todo. Isso é o que faz com que a tática seja tão importante: perceber essas pequenas sutilezas e aproveitá-las.

Nós havíamos começado muito bem, na frente. Mas logo aquilo que já era uma regata dura, com ventos muito fortes, se tornaria o caos. Na primeira perna de contravento, nós ainda conseguimos segurar as coisas, mas alguns pequenos erros de manobra custaram preciosos segundos que nos colocaram atrás do *Piratas* e do *Movistar*. Quanto aos dois *ABN*, naquelas condições de ventos fortes eles eram imbatíveis em termos de velocidade, e não havia tática que pudesse lhes fazer frente, a não ser que cometessem algum erro.

Contornada a primeira bóia do percurso, partimos para a segunda perna, a primeira de vento em popa. Os líderes colocaram uma vela mais chata, menos "barriguda", para andar mais de través, com o vento vindo mais pela lateral do que pela popa do veleiro. O *Piratas* optou por um balão assimétrico, mais redondo. Nós fizemos o mesmo e os espanhóis também. Nessa altura, o vento já tinha aumentado o suficiente para que as condições a bordo fossem metade de regata, metade de sobrevivência. Eu só pensava que, com a largada da segunda perna oceânica tão próxima, seria uma irresponsabilidade arriscar tudo ali naquela prova de menos de 40 milhas. Mas nosso espírito competitivo não nos deixava raciocinar muito e, quando vimos a vela de proa do *ABN1* rasgar perto da segunda bóia, demos uma caprichada a mais para tentar tirar a diferença.

A aproximação da segunda bóia, aliás, foi um festival de videocassetadas. Os espanhóis foram dar o jaibe — manobra para mudar de bordo com o vento pela popa — e acabaram ficando com a quilha basculante para fora da água e o barco completamente adernado, andando de lado. Logo em seguida, foi a vez dos americanos. O *Piratas* também teve um problema na mesma manobra e acabou com o barco sem controle e completamente adernado.

A segunda perna de contravento foi melhor para o *Brasil 1*: conseguimos melhorar as manobras e acertamos a tática. Com isso, montamos a bóia, ou seja, a contornamos, em quarto lugar. Com aqueles ventos fortíssimos, a tabela de posições das bóias era reflexo da situação caótica na raia. Fora o *ABN1*, sempre em primeiro, e os australianos, sempre em último, o resto funcionava no esquema do quem errar menos vence. Nem o barco dois da Holanda, com o design também otimizado para as condições de ventos mais fortes, conseguia se segurar.

As pernas de vento em popa eram as piores. Com o vento vindo por trás do barco em rajadas que ultrapassavam 40 nós, dar um jaibe era um verdadeiro pandemônio. Nossos amigos americanos que o digam... Depois de ficar em segundo lugar por muito tempo, na terceira perna de popa, pela terceira vez, no mesmo lugar, eles erraram o jaibe e ficaram com o balão embandeirado — balançando como uma bandeira —, de novo puxando o barco em direção à praia. Por alguns instantes, chegaram até a encalhar. Foram três atravessadas — ou seja, mudanças de bordo involuntárias — em três tentativas. Nessa última vez, demoraram tanto a se recuperar que só não ficaram em último porque os australianos e os suecos já estavam praticamente fora de combate.

O fato de que os botes de imprensa e dos juízes, mesmo em aceleração máxima, com seus potentes motores de popa, mal conseguiam acompanhar os veleiros, dá a dimensão do que estava sendo aquela regata em Table Bay. A TV só conseguiu transmitir imagens dos helicópteros e das câmeras de bordo dos barcos. As lanchas da imprensa não conseguiam lidar com as incríveis velocidades dos nossos veleiros e menos ainda com as ondas grandes que o vento causava. De fato, no mar, só os VO70 conseguiam navegar com velocidade e segurança naquele cenário desordenado. E sem queimar combustível. Movidos apenas pelo ar.

Para nós, no final, o quarto lugar, logo atrás do *Movistar* e dos *ABNs*, não soou tão ruim, já que mantivemos a vice-liderança geral da competição. Duro foi ver o *ABN1* cruzar a linha sete longos minutos na frente dos espanhóis e mostrar, mais uma vez, que, quando a brisa apertava, eles eram os reis da raia. Mais ainda, que o tempo de treinamento extra que tiveram antes de qualquer time fazia uma diferença fundamental nas manobras e no desempenho geral do veleiro.

O resultado da regata de porto da Cidade do Cabo, aliás, fez com que constatássemos, mais uma vez, a importância da experiência, de um bom treinamento. O *ABN1* venceu e era o mais experiente na recém-criada classe VO70, com mais horas de mar que qualquer outra tripulação. Os espanhóis, que tiveram o segundo barco da classe a ser fabricado e deram quase meia-volta ao mundo praticando antes da regata, foram os segundos. Os jovens do *ABN2*, também recrutados com antecedência e bastante treinados, embora todos muito novos e amadores, foram os terceiros.

Ficou evidente que em condições tão duras, em uma regata curta, aquele precioso tempo de desenvolvimento da tripulação fazia falta. Mas nosso time estava disposto a tirar a diferença no braço, no peito e na raça. Mantendo a vice-liderança geral, e sem quebrar nada no barco, conseguimos sobreviver ao humor ensandecido do deus do vento, Éolo.

"O QUE MAIS PODE ACONTECER?"

Cobertos dos pés à cabeça para agüentar o frio, Chuny e Marcelo velejam o Brasil 1

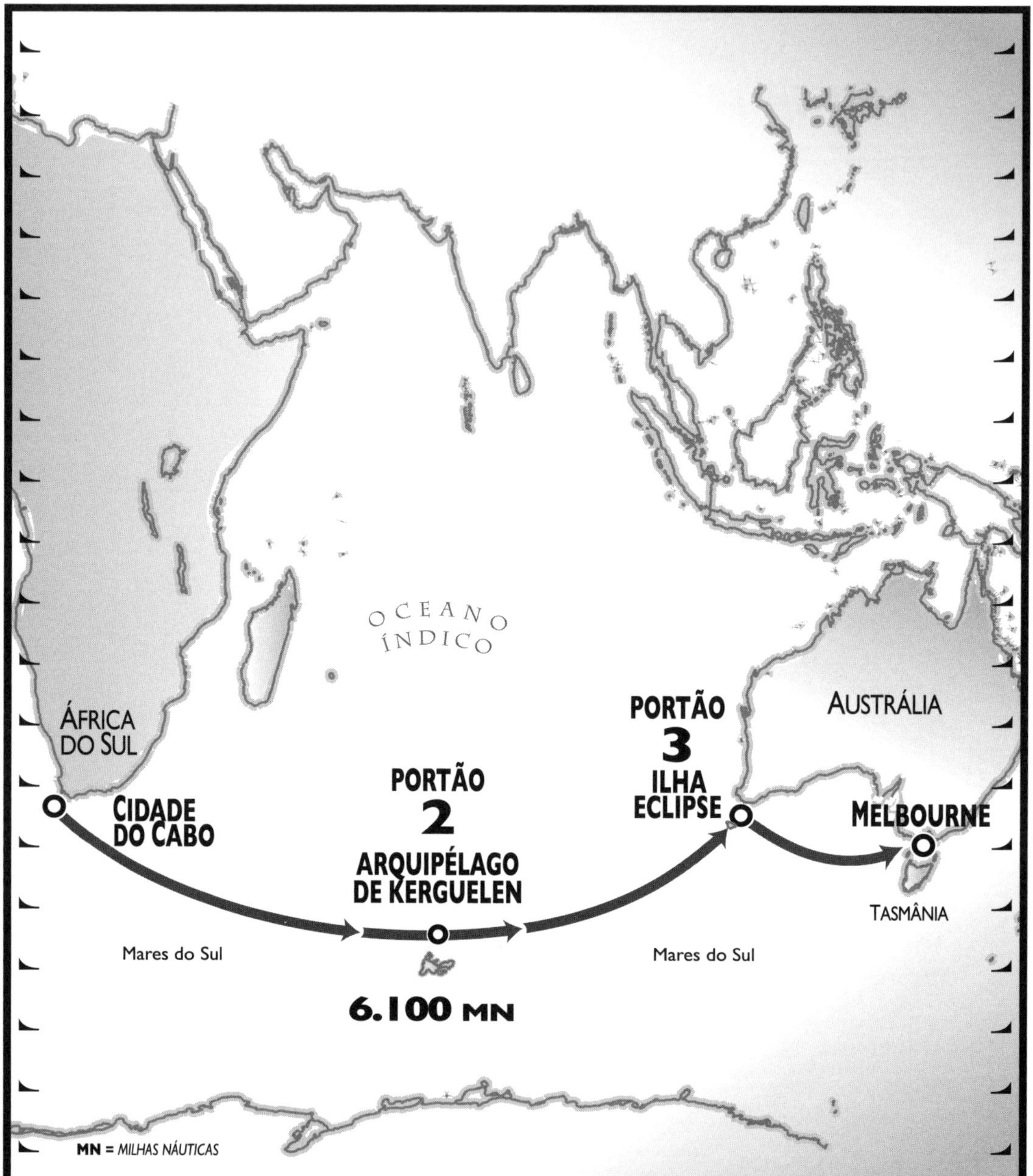

SEGUNDA PERNA: Cidade do Cabo – Melbourne

A SEGUNDA perna oceânica da regata também começou com uma ótima largada para coroar nossa escala africana, mas com ventos incrivelmente fracos na mesma Table Bay que dias antes era vento e nada mais. Saímos bem e estávamos disputando a primeira colocação com os espanhóis até bem próximo da primeira marca, colocada com muita infelicidade pela comissão de regatas na "sombra" de um grande navio de contêineres, uma verdadeira parede, com um vento que naquela altura já estava fraquíssimo.

Fomos os primeiros a chegar à bóia, mas, com a correnteza puxando para trás e a "sombra de vento" do navio, não conseguimos avançar e ficamos presos ao lado dele, assistindo aos outros se aproximarem vagarosamente. Quando finalmente conseguimos embalar de novo, chegamos à bóia junto com os espanhóis, suecos e o *ABN1* e... Bum!

Tentamos ao máximo evitar a colisão, mas, com pouquíssimo vento e os barcos sem o controle ideal, acabamos nos chocando levemente com os suecos e eles com os holandeses. Éramos o barco interno na bóia, o que teoricamente nos dava o direito de estar ali, mas acabamos cumprindo a penalidade de duas voltas (720º) e seguimos em frente, a esta altura em último lugar.

Pouco depois, o vento entrou forte, em mais uma reviravolta, e tivemos que mudar de vela correndo, sem que a tripulação tivesse sequer tempo para se vestir. Ficamos encharcados, incluindo as botas, pois o vento rapidamente chegou aos 28 nós. Definitivamente, o deus do vento fica muito doido na costa da África do Sul.

Para tentar ganhar algum terreno, nos aproximamos da terra, nos abrigando da correnteza e contando com uma rondada do vento. A tática funcionou e, em pouco tempo, estávamos de novo em segundo, atrás somente dos espanhóis. Na altura do famoso cabo da Boa Esperança, íamos bem próximos do *Movistar* e com uma boa vantagem sobre os americanos, que vinham em terceiro. Daí em diante, com o Marcel inspiradíssimo na navegação e o *Brasil 1* rendendo muito bem, com todos a bordo dando o máximo, fomos nos posicionando cada vez melhor em direção ao sul para pegar a frente fria que se aproximava. Embora nossa posição em relação ao primeiro portão de pontuação não fosse a melhor, estávamos exatamente onde queríamos estar com relação à entrada da frente.

Durante a segunda noite, com ventos relativamente fortes (25 a 30 nós) e ondas difíceis, o *Brasil 1* começou a dar algumas batidas fortes, apesar de nossos esforços contínuos, mudando de direção sempre que uma onda maior se avizinhava. Uma delas foi especialmente dura, mas no escuro não conseguimos ver nada de errado com o barco. Só de manhã, com o vento mais fraco, foi que o Kiko notou uma grande depressão no convés, ao lado da cabine, com uma rachadura já querendo descer pela borda.

— Que merda!

Descemos a vela de proa rapidamente, aliviando a pressão do mastro e reduzindo a vela grande. Com 6 mil milhas de mares do sul pela frente, aquela era a última oportunidade de voltarmos atrás. Depois de avaliar bem a extensão do problema, decidi fazê-lo. Caso seguíssemos em frente, colocaríamos em risco nosso barco e talvez até nossas vidas.

Foi uma das decisões mais duras que já tomei na vida. Mas não poderíamos correr o risco. Por e-mail, eu escrevi para a nossa equipe de terra:

Estamos agora a 100 milhas de Porto Elisabeth, na África do Sul. Lá, após uma avaliação do Horácio e nossa equipe de construtores, decidiremos, com base no tempo para reparo, nas condições meteorológicas para seguir viagem e nos acontecimentos do resto da flotilha, se retomamos a velejada ou se abandonamos esta etapa e embarcamos nosso barco de navio para Melbourne. Se abandonarmos, marcaremos um ponto (da última colocação da etapa). Se retomarmos e chegarmos em último, marcaremos dois pontos (mais meio ponto de cada portão desta etapa).

Como sempre, tentei ser objetivo do ponto de vista da competição, mas é lógico que eu estava muito chateado.

Nenhuma das duas hipóteses era boa. No entanto, só com mais calma é que poderíamos tomar uma decisão definitiva. Era uma pena que Horácio não estivesse a bordo para avaliar a situação *in loco*. Como não tínhamos nenhum especialista em construção no barco, fizemos meia-volta e apontamos nossa proa novamente para a África.

A equipe de terra foi mobilizada imediatamente e já se preparava para receber o veleiro na tarde do dia seguinte no leste da costa sul-africana. Os dois contêineres que viajavam seguindo o barco pelo mundo — um, com uma oficina, outro, com um depósito — já haviam sido enviados para Porto Elizabeth. O trabalho deveria começar assim que o *Brasil 1* conseguisse atracar.

Na flotilha, as coisas continuavam difíceis para os outros também. Um pouco antes de nós, o comandante do *Ericsson* reportara que o sistema hidráulico da quilha basculante estava com problemas e que ele também teria que voltar para a África. O local escolhido por eles era um pouco mais a oeste, na baía Mossel. Enquanto isso, os espanhóis lideravam a segunda perna, com os americanos em segundo e o *ABN1* em terceiro.

Na quinta-feira, 5 de janeiro de 2006, pouco mais de 24 horas depois de surgir a tal rachadura no convés, atracamos em Porto Elizabeth, e logo Horácio e a equipe de terra vieram a bordo conferir o problema. A primeira avaliação deles me deixou superotimista. Não era um problema estrutural de grandes proporções e, provavelmente, poderia ser sanado rápido, o que nos permitiria, em tese, voltar a velejar, mesmo que em último.

Logo que chegaram à terra, os suecos já anunciaram que desistiriam da etapa e embarcariam o *Ericsson* em um navio para Melbourne. Com isso, a idéia de irmos por mar ficou mais interessante. Somaríamos mais pontos sendo os penúltimos a passar nos portões de pontuação. Além disso, para nós, seria um treino a mais e uma boa oportunidade de conhecer melhor o barco. Mas só no dia seguinte, com o *Brasil 1* consertado, poderíamos avaliar.

O segundo dia da parada involuntária na África foi de boas notícias e decisões. Em reunião geral com Horácio, os engenheiros e o nosso diretor de logística, foi decidido que velejaríamos. E velejar era, claro, tudo que queríamos.

Fora as questões pragmáticas, como pontuação e treinamento, uma outra, filosófica, me deixou imensamente feliz com a decisão. Nosso projeto era dar a volta ao mundo velejando e, mesmo temporariamente fora do calor da competição, nós iríamos fazer isso. Pelo menos, naquele instante, nos pareceu que sim... E não poderíamos prever que dias piores viriam.

Cinco dias depois de nossa chegada ao *pit-stop* compulsório, o *Brasil 1* estava pronto. Consertamos as áreas danificadas e adicionamos componentes estruturais para reforçar ainda mais a região afetada. A idéia era que esses ajustes fossem definitivos e, quando chegássemos à Austrália, não tivéssemos que mexer muito para preparar o barco para a regata local de Melbourne e para a etapa seguinte até o Rio de Janeiro. O conserto deixou o *Brasil 1* bem mais forte do que antes da quebra e eu tinha certeza de que, pelo menos no convés, não teríamos mais problemas.

Como eu já imaginava, se Horácio estivesse a bordo, poderíamos ter feito os reparos enquanto navegávamos. Depois seria só fazer um reforço em Melbourne, mas não adiantava pensar naquilo. Naquelas circunstâncias, eu tomei a decisão que cabia e foi o melhor para o time. Era bom saber que o *Brasil 1* continuava sendo um dos mais sólidos dos barcos projetados por Bruce Farr para a regata e que o problema no convés não era fruto de imperícia na construção.

Finalmente, no dia 10 de janeiro de 2006 deixamos Porto Elizabeth, agradecidíssimos pela calorosa e acolhedora recepção que a cidade e seu iate clube deram à equipe, mas superansiosos para voltar ao mar. No boletim de posição das dez horas GMT, aparecíamos navegando novamente, a 5.735 milhas de Melbourne (pouco mais de 10 mil km) e a 2.260 milhas do líder no momento, o *ABN1*. Como os australianos, agora rebatizados de *ING Brunel*, devido ao novo patrocinador, estavam quase 900 milhas atrás dos líderes, sabíamos que seria muito improvável, mas nos preparamos para tentar alcançá-los.

A segunda perna da regata representava um momento mítico na vida dos navegadores oceânicos, a passagem pelos mares do sul. Os mesmos que, erroneamente, povoam a imaginação das pessoas como um lugar idílico, uma espécie de paraíso tropical. Na verdade, não têm nada disso. O Southern Ocean, como é chamado nos países de língua inglesa e que é oficialmente reconhecido por geógrafos como o quinto oceano do planeta, constitui um corpo d'água muito particular. É o único lugar no globo onde as águas e os ventos podem circundar o planeta sem a barreira de nenhuma massa continental. Isso faz com que os vagalhões cresçam assustadoramente e os ventos predominantes de oeste soprem sempre em grande intensidade. Fora o imenso perigo dos icebergs e o frio de doer. Tudo isso faz dos mares do sul uma lenda que povoa as fantasias de todos os navegadores.

Foi justamente por causa de um desses elementos de perigo, o gelo, que a organização da regata decidiu criar dois novos locais obrigatórios de passagem, mas que não contavam pontos: os *ice gates*, portões de gelo. Eram linhas imaginárias que os barcos deveriam cruzar. Com isso, a organização queria prevenir algum tipo de incidente com icebergs ou os pequenos blocos conhecidos como *growlers*. Mas, obviamente, frustrou a todos nós com a medida. Ela nos afastava dos mares mais bravios, que também eram o caminho mais curto, e obrigava a flotilha a navegar muito ao norte. Mas, tudo bem, ordens são ordens.

De volta ao mar, a rotina também voltou ao normal. Mesmo sabendo que seria muito difícil conseguir ultrapassar os australianos, na nossa cabeça competitiva de regatistas era importante ter um objetivo e procurávamos dar o máximo para alcançar o impossível. A bordo, todos estavam mais tranqüilos e alegres depois dos momentos de tensão com a rachadura no convés. Os dias passavam rápidos e os banhos, que tomávamos com aquelas toalhinhas de limpar bunda de neném, sem usar uma gota d'água sequer, ficaram mais freqüentes, para melhora significativa da qualidade do ar da cabine. O único problema era o frio.

Nessa balada, deixamos a costa sul-africana rapidamente para trás e logo já estávamos navegando com a água a apenas 9º centígrados, lavando o convés incessantemente e o vento de mais de 30 nós empurrando tudo com ferocidade para frente. Apesar de estarmos a quase 6 mil milhas do nosso objetivo e de sabermos que a jornada seria longa e dolorosa, o astral era, como sempre, o maior diferencial do nosso time. O grande problema era que tudo estava continuamente ensopado. Isso, aliado ao frio, era o que mais incomodava. Fazia com que nós brasileiros usássemos todas as roupas disponíveis, incluindo balaclavas — gorro de malha de lã que cobre a cabeça, o pescoço e os ombros —, capacetes e óculos de esqui para lidar com o incessante *spray* que o barco levantava a cada onda.

Alguns, como Bochecha, se aninhavam perto do gerador para aproveitar o calor que ele produzia quando era ligado para carregar as baterias. Outros tentavam usar os sacos de vela como cobertores adicionais. No convés, as ondas varriam tudo com tamanha força que, por vezes, a água chegava aos joelhos e era preciso se agarrar com força em alguma coisa para não cair. Nem é preciso dizer que estávamos o tempo todo com nossos cintos de segurança presos nas linhas da vida, os cabos que circundam o barco para nos prender a ele.

Por conta da construção do barco, com uma aerodinâmica quase sem obstáculos também para a água, as ondas varriam o veleiro com tal intensidade e velocidade que, por vezes, parecíamos estar em um submarino. Do lado de fora e sem roupas de mergulho, diga-se.

Com a frente que nos empurrava e os excelentes ventos que faziam o *Brasil 1* praticamente voar, as velocidades foram crescendo cada vez mais. À medida que nossa confiança retornava, nós também começávamos a puxar o barco para perto do limite e, no dia 15 de janeiro de 2006, batemos o nosso próprio recorde de singradura em toda a regata, com 504 milhas navegadas em 24 horas, à média de 21 nós. Sem dúvida, éramos o bólido a vela mais rápido do Brasil e, como alegria adicional, cruzamos o portão de pontuação de Kerguelen, o primeiro da segunda perna. Com isso, colecionamos mais um ponto na tabela geral, nos mantendo em terceiro na regata, atrás apenas dos dois barcos holandeses.

Com as temperaturas baixas, as diferenças culturais de nossa tripulação ficavam mais evidentes. Enquanto Bochecha, certamente o mais friorento de todos, se vestia igual a um jogador de futebol americano, com incontáveis camadas de roupas, o norueguês Knut Frostad exclamava sem cerimônia:

— Que dia agradável!

Ele e Marcel, nosso navegador holandês, chegaram mesmo a cogitar alugar suas balaclavas em troca de algumas caipirinhas extras nos famosos churrascos que nosso time sempre fazia quando chegava à terra. Acredito que algum brazuca tenha aceitado.

Os dias frios do invencível verão invernal dos mares do sul seguiam rápido. Sempre de olho na evolução dos australianos, torcíamos para que a crista de uma enorme zona de alta pressão encobrisse nossos amigos e desaparecesse assim que chegássemos à área. Sonhar não custava nada... No dia 18, nos preparávamos para comemorar a diminuição da distância para o *ING Brunel*, de 1.500 milhas, quando deixamos Porto Elizabeth, para menos de mil milhas, naquele instante, quando o desastre se abateu novamente sobre nós.

Aconteceu conosco aquilo que talvez seja o momento mais traumático para o barco a vela, que é quando ele perde sua coluna vertebral, a flecha de seu enorme arco que aponta para as profundezas: o seu mastro. Ficamos aleijados. Ainda atônito e cambaleante, olhei para a enorme vela azul que flutuava agora quase inerte no não menos azul oceano e lamentei quase num murmúrio:

— O que mais pode acontecer?

PÁSSARO SEM ASA

Acidente em alto-mar: a vela grande do Brasil 1 *bóia junto ao barco*

— **BOCHECHA**, eu acho que você vai precisar dar um mergulho! — gritei para dentro da cabine.

— Ele já está colocando a roupa — respondeu Marcelo, de pronto, com um quê de angústia na voz.

A cena tinha todos os elementos de drama que fazem o coração de um velejador saltar no peito. Um barco à deriva no meio do oceano infinito, batendo contra as ondas que não param. Os escombros do mastro e das velas caídos na água com o emaranhado de cabos criando um novelo enorme e confuso, que arrastava tudo para o lado. Uma tripulação chocada, tentando recuperar os restos do seu barco e do seu moral que, em segundos, num simples instante, se espatifou.

Sem saber o que tinha acontecido de fato e ainda tentando formar uma idéia do quadro geral na minha cabeça, procurei me concentrar naquilo que eu podia: a integridade da tripulação e a recuperação do que fosse possível salvar. Naquele momento, pouco importava o motivo da quebra, o misterioso desígnio que nos fizera voltar àquele mar tão inóspito para, apenas uma semana depois, ver nossa nave novamente fora de combate. Graças a Deus, todos estavam bem e ninguém havia sofrido um arranhão sequer. Em questão de minutos, o Bochecha, nosso mergulhador da tripulação, já estava na água todo paramentado e com um enorme alicate em punho, cortando os cabos que prendiam ao barco o outrora reluzente mastro. A enorme vela estava aparentemente inteira e boiava ao sabor das ondas, presa aos fragmentos do mastro quebrado. Todos os outros homens se debruçavam sobre os escombros e recolhiam o que podiam em um frenesi típico do alto estresse a bordo.

Em instantes, a nossa saga passou pela minha cabeça. Tudo o que havíamos vivido até ali, desde o nascimento daquele sonho até a última despedida em Porto Elizabeth. Tudo voltou como um clipe acelerado e confuso na minha mente. Se um lado, mais racional, me fazia continuar no comando, objetivamente coordenando as "operações de resgate", um outro me deixava absolutamente desolado com aquilo que acontecia naquele ponto perdido do Índico. Parte da nossa decisão anterior de seguir velejando, inclusive cedendo para o *Ericsson* o lugar no navio de carga que agora o levava direto para Melbourne, se devia ao fato de querermos completar a volta ao mundo na água. E naquele momento, no meio daquela confusão, cheguei a pensar que isso não seria mais possível.

Por mais de um par de horas ficamos ali recolhendo os nossos pedaços. No final, para nossa alegria, conseguimos tirar do mar tudo o que havia caído, inclusive as três peças do mastro quebrado e as velas. Era um prêmio ao esforço daquela tripulação já tão maltratada pela frustração e pelo cansaço. O próximo passo seria fazer uma mastreação de fortuna, como se diz no mar.

No jargão da vela, tudo que se faz de improviso para substituir algo que tenha quebrado é chamado "de fortuna". No nosso caso, fizemos uma mastreação de fortuna com a parte superior do mastro apoiada sobre o convés. Para velejar, colocamos velas especiais para tempestade no novo mastro em uma armação improvisada que mais parecia uma jangada dupla. Desde que o vento viesse da direção certa — pela popa — e em doses razoáveis, conseguíamos fazer até 8 nós de velocidade com aquela traquitana, o que para um veleiro comum é bom, mas para o *Brasil 1* era quase como andar com o freio de mão puxado. Mas pelo menos estaríamos navegando.

Esse segundo incidente na mesma perna aconteceu quando velejávamos a apenas 20 nós, a cerca de 1.200 milhas da costa oeste australiana, do lado oposto ao de Melbourne. Era um dia aparentemente tranqüilo, surpreendentemente seco e estávamos com o balão grande em cima. A falha foi causada por uma peça metálica até relativamente barata e simples, que se rompeu inexplicavelmente. O objeto em questão, que devia custar pouco mais de 150 dólares e era de um só fornecedor para todos os barcos da regata, unia o brandal de bombordo, um dos cabos que sustentam o mastro lateralmente, ao convés.

Com a quebra, tudo despencou e veio abaixo em três partes. Por sorte ninguém foi atingido. Estávamos todos bem fisicamente. Já do ponto de vista espiritual... Bem, a nós só restava continuar velejando, com nosso arremedo de mastro e velas, rumo à terra mais próxima, a Austrália. O próximo objetivo, o portão de pontuação da ilha Eclipse, era bem próximo do oeste do continente australiano e teríamos boas opções de portos por lá.

Enquanto isso, em terra, o trabalho já era intenso para preparar a estratégia de conserto do *Brasil 1*. O mastro reserva estava no aeroporto de Heathrow, em Londres, em *stand-by*. Todos os times tinham um mastro reserva preparado para ser usado em casos de emergência. O nosso, que, assim como o mastro principal, fora feito na Nova Zelândia, estava armazenado em Londres sempre pronto para partir. Em vez de tentar adivinhar onde teríamos problemas, optamos por deixar o mastro reserva em um aeroporto com rápidas conexões para qualquer lugar do mundo e mais próximo da linha de largada da regata, que era na Europa.

O grande problema naquele momento era que, para mandar o mastro de Londres para Melbourne em uma só peça, a transportadora estava cobrando uma pequena fortuna. A sugestão deles era inusitada: cortar o mastro em dois e depois emendá-lo novamente. Ora, se fosse para ter um mastro emendado, usaríamos o antigo que se partira em apenas três pedaços. Que diferença faria? A intervenção do Alan e do Herve le Quilliec foi fundamental, e os caras da transportadora deram um jeito de fazer o transporte por um preço razoável.

O francês Herve, gerente de logística do time e chefe da equipe de terra, tinha até uma pré-programação pronta. Por e-mail, ele nos comunicava o que estava pretendendo:

Já está definido que o mastro chega à Austrália na próxima semana, mas ainda não temos a definição de onde faremos os reparos. A decisão do que fazer irá partir de vocês, mas, atualmente, a opção mais interessante é velejar até a costa oeste australiana, colocar o barco em um caminhão e fazer os reparos em Melbourne.

Acabaríamos fazendo exatamente o que ele propôs no primeiro instante. Mas, por enquanto, ainda não havíamos definido se o *Brasil 1* iria velejar ou não até a ilha Eclipse, o segundo portão de pontuação da etapa, para coletar mais um ponto. Sabíamos que velejar até Eclipse levaria cerca de 12 dias e precisávamos estar em terra em, no máximo, uma semana. Provavelmente, teríamos que ligar o motor em algum momento e abandonar oficialmente a regata naquela perna. A prova local em Melbourne seria dia 4 de fevereiro e a largada para a terceira etapa, até Wellington, na Nova Zelândia, no dia 12. O tempo era nosso maior adversário.

Os deuses não haviam sido complacentes conosco, mas esperávamos ter acumulado todos os castigos naquela perna. Teríamos que trabalhar duro para estar na linha de largada da *in-port race* em Melbourne. Eu sabia que conseguiríamos e que estaríamos lá com mais garra do que nunca. Nossa motivação, apesar de tudo, havia sido renovada. E isso era fundamental.

A comoção nacional que a quebra do *Brasil 1* provocou chegou até nós no oceano. Mensagens de todos, do presidente da República até o mais simples torcedor, nos davam ânimo para enfrentar aquelas incontáveis milhas no nosso pássaro sem asa. Os tanques estavam cheios, a despensa abastecida e o nosso senhor não era mais Éolo ou Netuno, os deuses do vento e do mar, mas Cronos, o guardião das horas. E, humildemente, procuramos seguir seus passos.

Para os competitivos velejadores do *Brasil 1* estar correndo apenas contra o tempo, em uma caricatura do bólido que já havíamos sido um dia, não era propriamente um sentimento agradável. Alguns, como diria Knut, ficavam hiperativos e ajustavam os nossos panos de fortuna sem parar, em busca daquele décimo de nó de velocidade que nos colocaria em terra e, se Deus permitisse, de volta à competição em Melbourne o mais rápido possível.

No dia seguinte da tragédia, já mais tranqüilos e informados do que havia acontecido e das opções que tínhamos pela frente, decidimos não ir para o portão da ilha Eclipse. Isso poderia comprometer as próximas etapas e não queríamos correr mais riscos. Decidimos que aportaríamos em Perth ou Fremantle, cidades vizinhas no extremo oeste da costa australiana com infra-estrutura adequada.

Para chegar até lá sabíamos que teríamos que "motorar" muito e só tínhamos diesel para 400 milhas, no máximo. Com a mudança do sistema meteorológico e do rumo, os ventos não seriam mais favoráveis para nossa jangada de carbono e kevlar. Precisaríamos de algum auxílio no meio do caminho para reabastecer os tanques. Mas naquele momento tudo o que podíamos fazer era navegar e aguardar. E foi o que fizemos, pacientemente.

Enquanto isso, a equipe de terra trabalhava com sua eficiência costumeira. Como em um circo itinerante, nossos equipamentos, contêineres e bagagens viajavam, duplicados, nos antecipando pelo globo. Como os veleiros eram muito rápidos e não dava tempo de todo o material, que é transportado de navio, chegar sempre na frente, havia duas estruturas de terra viajando simultaneamente, uma para nosso objetivo imediato e outra para a próxima escala. Uma destas estruturas já estava em Melbourne, pronta para usarmos. Isso facilitou nossa decisão de aportar no oeste e despachar o *Brasil 1* de caminhão pelo grande deserto australiano rumo ao leste. Era o lógico, só que era preciso chegar lá primeiro.

Novamente, nosso time de terra foi testado e aprovado. Com alguma dificuldade, mas sempre no tempo certo, eles conseguiram arranjar um encontro no meio do mar com um navio pesqueiro para nos transferir óleo diesel. O encontro fora marcado para o dia 23 de janeiro em um ponto a pouco menos de 600 milhas de Fremantle, nosso novo porto seguro.

Nesse meio-tempo, Horácio, em Melbourne, havia desenhado e construído um berço especial para receber o *Brasil 1* na carreta que o transportaria. O caminhão, que saiu todo preparado de Melbourne, levaria três dias para chegar a Fremantle e recolher o nosso veleiro. E seriam mais quatro dias para voltar. O mastro reserva deveria estar na base do time em Melbourne no dia 1º de fevereiro. Portanto, antes de nossa chegada. Mas nós ainda teríamos que montar tudo no novo mastro: adriças, brandais, estais, cruzetas, tudo. E nada poderia dar errado, senão nossa regata de porto já era.

Na calma aparente do oceano, eu imaginava a verdadeira maratona que nossa equipe de terra vinha enfrentando desde que havíamos zarpado da Cidade do Cabo. Primeiro, o *pit-stop* involuntário em Porto Elizabeth e agora essa verdadeira pegadinha logística que era recolher o *Brasil 1* de um lado de um continente e repará-lo do outro, a tempo de estarmos na água no dia 4 de fevereiro.

No dia 21 de janeiro, ligamos o motor e abandonamos oficialmente a segunda perna. Nesse mesmo dia, o *ABN1* cruzou a linha de chegada em Melbourne para garantir sua hegemonia na liderança geral da regata de volta ao mundo. Quatro horas depois, chegaram os meninos do *ABN2*, que pulverizaram o recorde mundial de singradura em monocascos no dia 11 com inacreditáveis 563 milhas navegadas em 24 horas, tornando-se os mais rápidos velejadores em mais de trinta anos da regata. Os espanhóis chegariam em terceiro no dia seguinte e, com isso, ficamos em quarto lugar geral.

Só nos restava erguer a cabeça, seguir em frente e fazer a melhor navegação possível para estar logo em terra. A previsão dos ventos era de 30 a 40 nós de sueste, na direção contrária ao nosso rumo. Isso não era nada bom, mas a coisa piorava porque, alguns dias depois, poderíamos ter um encontro com uma tempestade tropical ainda não batizada que estava no noroeste da Austrália. Se isso acontecesse, nos atrasaria ainda mais.

No dia 23, finalmente aconteceu o aguardado encontro. Não com a tempestade e, sim, com nossos amigos do navio pesqueiro. Durante a madrugada, o barco contratado pela equipe de terra apareceu para nos passar combustível e comida e nos escoltar até Fremantle. Uma visão agradável, sem dúvida, mas que, claro, também tinha seus riscos. No meio do oceano, com as ondas grandes atrapalhando, optamos por deixar os dois barcos a uma distância segura e com alguma margem para eventuais manobras. Depois, lançamos uma retinida, um cabo para passar as coisas, e começamos a operação de transferência. O primeiro reabastecimento foi feito logo, e 200 litros de óleo diesel foram transferidos para os tanques do veleiro. Em seguida, mais 400 litros iriam para a "barriga" do *Brasil 1*.

Enquanto navegávamos próximos dos pescadores, outras barrigas também ficaram cheias. Recebemos do comandante do pesqueiro um presente carinhoso: peixe-fresco e uma enorme panela para cozinhá-lo. Uma grande posta de peixe-espada veio para o *Brasil 1*, acompanhada de laranjas, ovos e refrigerantes. Primeiro, comemos o peixe cru, como sashimi. Depois, o Marcelo colocou a chapa para esquentar e tivemos peixe grelhado. Uma verdadeira delícia. Ele tem o dom para a cozinha e foi uma maravilha poder mudar o cardápio e voltar a comer alimentos frescos, mesmo que por pouco tempo.

Ainda faltavam 500 milhas para a costa, mas todos já se sentiam melhor com o reencontro com a civilização. Mesmo que a civilização fosse simbolizada naquele momento por um bando de neozelandeses barbados, uma panela velha e alguns litros de Pepsi Cola. Voltamos a navegar felizes, com o motor e as velas de fortuna, e também com nosso anjo da guarda na escolta. Tudo que queríamos era chegar logo à Austrália, desmontar o barco e seguir para Melbourne, onde sabíamos que nosso pássaro ferido ganharia novas asas.

A RAINHA DO DESERTO

O *Brasil 1* cruza a Austrália em cima de um caminhão

ERA TARDE de quinta-feira, dia 26 de janeiro de 2006, quando o desmastreado *Brasil 1* tocou a terra australiana no porto de Fremantle. Após navegar quase 1.300 milhas náuticas com o mastro de fortuna e o motor de emergência, finalmente chegamos a salvo ao nosso destino. Um pouco chateados com tudo que acontecera, mas nunca abatidos, mal descemos do barco e imediatamente começamos a trabalhar para preparar tudo e tentar chegar a Melbourne o mais rápido possível.

A viagem após a queda do mastro havia sido extremamente cansativa. A pressão do vento nas velas estabiliza o barco e, sem elas, a viagem ficou bastante desconfortável. O barco mexia muito e a velocidade baixa tornava a coisa ainda mais penosa. Mas agora estávamos em terra, aquilo tudo era passado e tínhamos que nos preocupar com o futuro. Não poderíamos mais enfrentar nenhum contratempo, sob o risco de não conseguirmos cumprir os prazos. E nos concentramos nisso. Na velha guerra contra o deus Cronos.

Como havíamos desmontado muita coisa enquanto ainda navegávamos, em questão de poucas horas o barco já estava fora d'água. No dia seguinte, ao meio-dia, o barco estava pronto para seguir 3.400 quilômetros pelo deserto australiano até Melbourne, onde seria disputada a terceira *in-port race*, no dia 4 de fevereiro. Além da quilha e do leme, que tiveram que ser retirados, os pedestais do timão e das bússolas foram cortados para garantir que o caminhão com o barco em cima passasse embaixo de todos os viadutos da estrada. Dois motoristas e dois batedores se lançaram no épico que faria as manchetes de todos os jornais da Austrália no dia seguinte: "*Brasil 1*, a rainha do deserto", uma brincadeira com o filme australiano *Priscila, a rainha do deserto*.

A foto que mostrava o nosso veleiro sobre o caminhão com o imenso deserto australiano ao fundo correu mundo. De repente, por conta do nosso infortúnio e pela maneira inusitada que tivemos que lidar com ele, nos transformamos nos heróis da vez para a mídia australiana. Nem na nossa terra natal o *Brasil 1* dera tantas manchetes em um único dia. Se toda aquela exposição não ajudava no nosso problema real, pelo menos servia de um incentivo a mais para a equipe, uma grande reserva de boa energia para os dias corridos que viriam. Definitivamente, iríamos precisar dela.

Com o veleiro navegando na estrada, finalmente pudemos descansar um pouco. Depois de uma primeira noite muito mal dormida no hotel em Fremantle, com todos ansiosos em ver o barco partir logo, pudemos aproveitar a tarde livre de sexta-feira e dormir uma noite inteira de sono antes de pegar o avião na manhã seguinte. Nós sabíamos que teríamos 72 horas de descanso extra em Melbourne e, a partir daí, a equipe teria apenas outros três dias para instalar o mastro e preparar tudo para a regata local.

Em Melbourne, procuramos tirar um pouco a cabeça da regata e dos problemas com nosso barco. Pelo menos por algumas horas. A manhã de terça-feira teve uma atração diferente para a tripulação, o mercado Queen Victoria, um dos maiores da Austrália. Eu, Knut, Marcelo, André Fonseca e Kiko Pellicano acordamos cedo e fomos visitar o local, conversar com os vendedores, experimentar alguns petiscos e fazer compras.

Marcelo saiu com duas sacolas cheias de queijos, pães, molhos e temperos e ficou animado para fazer um churrasco:

— Aqui vamos achar todo tipo de carne que precisamos. É bom aproveitar esse tempo que temos livre enquanto o barco não chega. Vamos *churrascar*!

Kiko gostou da seção de frutas, principalmente as silvestres. Além de experimentar *blueberry* — uma fruta pequena, escura, parecida com jabuticaba —, comprou várias amoras. Para que eu não sei. André, ao ver folhas de bananeira à venda, descobriu uma nova vocação:

— Dez dólares o quilo? — exclamou. — Vou virar exportador de folha de bananeira quando voltar pro Brasil.

Enquanto nossa razão de existir singrava o deserto no lombo de um camelo movido a diesel, nós propositalmente procurávamos nos divertir e pensar em outras coisas. Até mesmo como uma forma de diminuir a ansiedade que já atingia níveis altíssimos. Com nossa quebra, os espanhóis haviam nos ultrapassado na tabela da competição por um ponto e agora estavam em terceiro. Mas fazer o quê? Só nos restava andar bem na regata de porto em Melbourne e aproveitar a enorme corrente positiva que os brasileiros, tão distantes, e a torcida local faziam por nós.

Após quase 4 mil quilômetros de estrada, quatro dias e 21 horas de poeira e encontros inusitados com cangurus, o veleiro chegou intacto à cidade. O motorista da carreta que levou o *Brasil 1*, um descendente dos aborígines que vivem no deserto australiano, contou que a viagem chamou muita atenção. Foi diferente, mas muito boa. O único problema era o vento que fazia o barco mexer bastante. Eu agradeci e disse, com um sorriso, que esse problema de mexer muito com o vento forte era comum para nós e o *Brasil 1*. Knut também não resistiu a uma graça:

— Uma coisa não podemos negar, né, Torben? O *Brasil 1* vai ser o barco com mais aventuras para contar de toda a competição. Nenhum dos outros navegou pelo deserto como nós.

Não é preciso dizer que estar de novo ao lado do nosso barco me deixou extremamente feliz. Havia muita coisa para fazer em pouco tempo, mas eu tinha muita fé em que iríamos conseguir. O novo mastro chegara a Melbourne algumas horas antes, depois de duas noites viajando desde Sydney, também de caminhão. O nosso quebra-cabeça já tinha todas as peças necessárias para começar a ser montado. Tudo bem que teríamos que fazer em três dias o trabalho que, normalmente, faríamos em duas semanas, mas todos estavam animados e, com trinta pessoas trabalhando, até mesmo sem dormir, acreditávamos que no sábado nosso veleiro azul e amarelo estaria na linha de largada da regata local.

Na quinta-feira à noite, dia 2 de fevereiro, houve a festa de premiação da segunda perna e qual não foi nossa surpresa quando André Fonseca, o Bochecha, recebeu o prêmio de bravura no mar, por sua atuação como mergulhador no resgate das peças do *Brasil 1*. Bochecha ficou horas no oceano frio, a apenas 11° centígrados, e por isso ganhou o Seamanship Award da organização da regata. Um reconhecimento justo por seu desempenho. Fora isso, ganhamos também o prêmio de maior contribuição à mídia por conta dos trechos de vídeo e *reports* enviados diretamente do barco durante a etapa. Nada mau para amadores como nós. Amadores nesse quesito, claro.

Enquanto a festa rolava, nossa equipe de terra trabalhava freneticamente para montar o novo mastro. Como tivemos que cortar parte do estaiamento antigo, havíamos encomendado um novo conjunto de estais e brandais — os cabos de sustentação —, que tinha que ser montado. Além disso, todos os cabos que ficam por dentro do mastro também tinham que ser passados. Das adriças, que sobem e descem as velas, até o cabeamento dos eletrônicos. E foi justamente um dos cabos de sustentação lateral, um dos brandais, "irmão" do que se partira, que veio na medida errada. Droga! Seria preciso improvisar. Com isso, o quebra-cabeça ficou ainda mais complicado e nosso tempo mais exíguo. Mas nada nos deteria naquele momento.

A montagem do novo mastro foi tão trabalhosa que o nosso proeiro Andy Meiklejohn, o responsável pelo serviço junto com a equipe de terra, só terminou às seis horas da manhã do dia da regata — um sábado. Apenas três horas antes do horário em que o *Brasil 1* deveria deixar o cais em Melbourne. Isso tudo sem pregar o olho, claro. Na verdade, desde que o barco desembarcara do caminhão, as horas de sono de toda a equipe tinham ido ao mínimo possível. Pelo menos, tudo estava pronto.

Quer dizer, pronto era uma força de expressão, porque o tal brandal havia sido colocado de um jeito meio diferente que não nos dava lá muita tranqüilidade e nada havia sido testado depois da remontagem do barco inteiro. Por isso, decidimos ir para a raia com uma condição: se o vento passasse de uma certa força, nos retiraríamos para nossa própria segurança e a integridade do veleiro. Quinze nós era o limite.

O dia em Port Phillips Bay estava glorioso. Muito sol, um vento de 10 nós e uma imensa flotilha de espectadores. Um palco magnífico para protagonizarmos uma reestréia muito aguardada. A platéia, aliás, só não ficou toda do nosso lado porque o time da casa, o *Brunel*, também estava presente. Mas era evidente o imenso carinho pelo time brasileiro e o reconhecimento que tinham pelo nosso esforço de estar ali.

A largada da regata não poderia ser melhor. Dessa vez, tudo estava dando muito certo e Chuny, no timão, acertou o *timing* com precisão. Largamos pelo meio, mas já mirando a esquerda da raia. O barco mais perto da direção ideal, o *ABN2*, queimou a linha e teve que voltar para relargar. Os suecos do *Ericsson* fizeram a mesma coisa e, no princípio da prova, estávamos quase sós, com vento limpo e indo na direção que queríamos, já que os outros concorrentes optaram pelo lado direito.

Nosso 11º tripulante nas regatas de porto, Alan Adler, havia acabado de ser campeão mundial de J/24, a tradicional classe pan-americana de 24 pés, naquelas mesmas águas, alguns dias antes. Ele trazia preciosas informações sobre o vento na baía que banhava Melbourne. Isso era muito importante para nós e, junto com a precisão da tripulação nas manobras e uma certa inspiração de todos, nos colocou no topo logo nos primeiros minutos de prova.

Mesmo com a brisa aumentando, o que era um certo motivo de preocupação, fomos fazendo o ziguezague em direção à bóia de barlavento com muita concentração e velocidade. Antes de largar, optamos por uma genoa menor, uma vela de proa com menos área, que, depois que o vento aumentou, provou ter sido uma excelente opção e nos deu um diferencial a mais sobre os concorrentes.

Quando eu avistei a primeira bóia e olhei para trás, vendo os outros barcos distantes da nossa popa, mal pude acreditar. Parecia um sonho. Ter passado por tudo aquilo que passamos, voltar para a água apenas horas antes da largada, sem a plena certeza de que nosso barco agüentaria, e liderar a regata era demais. Nas palavras do locutor oficial da prova: "Um conto de fadas que se torna realidade." E nossa fada madrinha ainda trabalharia muito naquele dia.

De fato, lideramos a prova com relativa folga nas cinco primeiras das oito pernas da regata local. Mas, aos poucos, nosso conto de fadas foi virando história de terror. O hidráulico da quilha basculante começou a vazar e a quilha, que é fundamental na performance do barco, já que faz o contrapeso daquele mamute, parou de ir até o fim dos 40° regulares de inclinação e, por vezes, nem atingia metade disso. Lógico que os adversários aproveitaram e se aproximaram. Na montagem da terceira bóia de contravento, o *ABN1* veio por dentro e nos roubou a primeira posição.

Àquela altura, estar em segundo com a quilha falhando, em um vento mais forte do que o que havíamos nos auto-imposto como limite, com um mastro montado pouco antes da prova com os improvisos que fizemos, já era um lucro fantástico. E o apoio que vinha dos barcos que assistiam à regata demonstrava isso. Só que nossa fadinha mágica resolveu nos deixar de vez.

Logo depois de montar a bóia, ainda por conta dos problemas que a quilha vinha causando e que desviavam a atenção da já pequena tripulação, tomando um precioso tempo de parte dos homens, nosso balão subiu errado e enroscou num cabo de proa. Não havia substituto para ele a bordo. O balão grande tinha rasgado quando o mastro quebrou no oceano e ainda não fora consertado. Uma lástima. Nosso sonho de pódio ruiu e, quando terminamos de fazer a manobra e consertar as coisas, estávamos em quinto, bem longe dos primeiros. E foi assim até o final.

Na linha de chegada, novamente deu *ABN1*, com o *Piratas* em segundo e o *Movistar* em terceiro. Com isso, nós caímos mais uma posição na tabela geral e estávamos em quinto lugar, apenas na frente do *Ericsson* e dos australianos, que, por problemas financeiros, decidiram abandonar temporariamente a Volvo Ocean Race, reformar o barco, o time, e só retomar as coisas em Baltimore. Foi uma regata árdua que começou como um sonho e terminou com a dura realidade que vínhamos enfrentando desde a África.

Como consolação, recebemos o carinho do povo e da mídia australiana, que viram em nós um heroísmo que, embora nos enchesse de orgulho, parecia um pouco exagerado. De qualquer forma, é sempre bom receber aplausos de público e crítica. Do ponto de vista moral, qualquer coisa que pudesse ajudar era sempre bem-vinda. Essa segunda etapa da Volvo Ocean Race havia sido um verdadeiro suplício e nós precisávamos reunir forças para terminar de consertar o barco a tempo da largada da terceira perna, um trecho de 1.500 milhas até a Nova Zelândia, com um curto *pit-stop*. Depois, a maior e mais perigosa de todas as etapas: de Wellington até o Rio de Janeiro, passando pelo temível cabo Horn.

A rainha do deserto precisava voltar a ser a rainha do oceano.

DE VOLTA AO JOGO

O barco brasileiro retorna à disputa em Melbourne

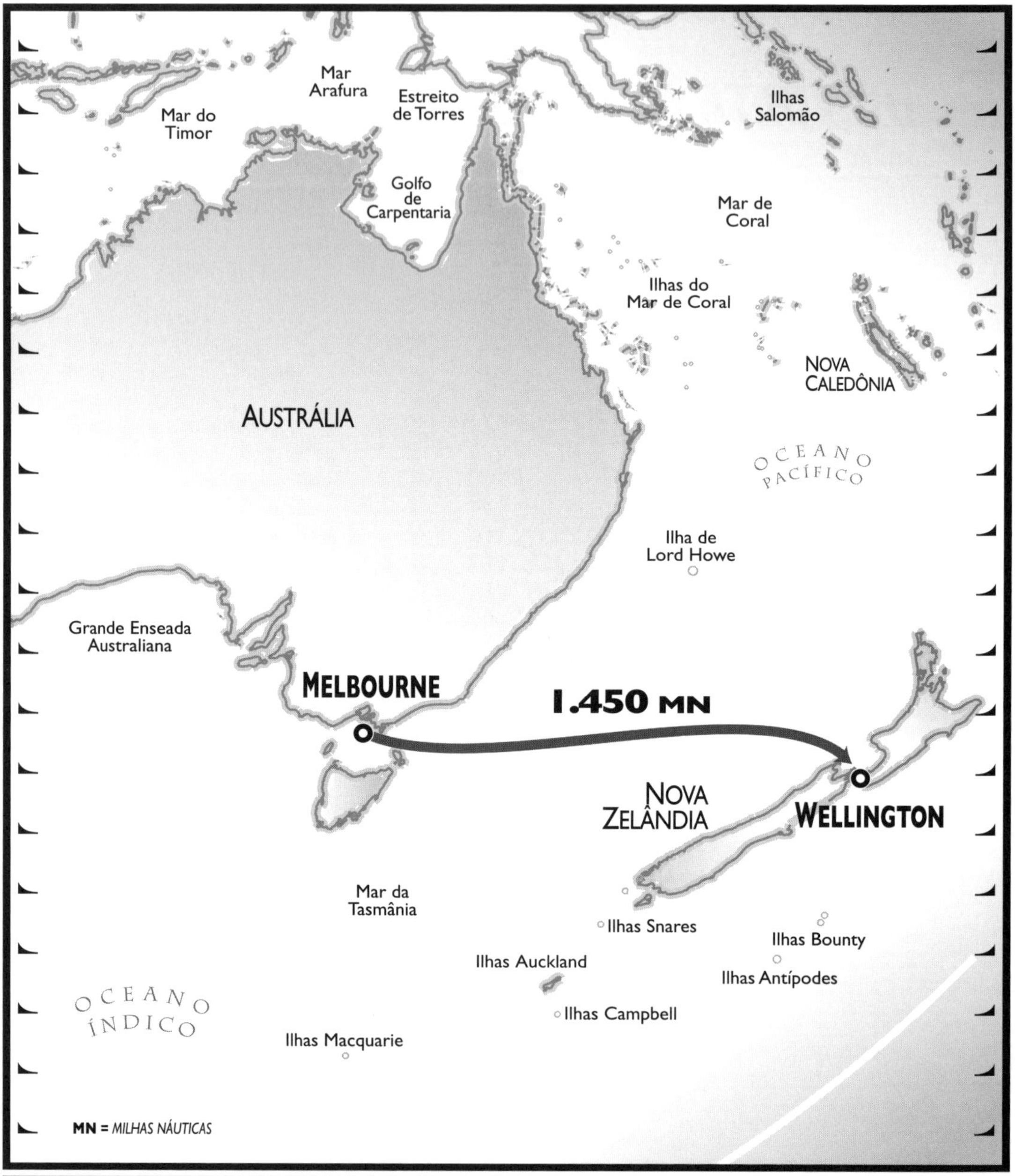

TERCEIRA PERNA: Melbourne – Wellington

ERA SEGUNDA-FEIRA, fazia sol e tudo parecia normal na vila da regata em Melbourne. Para alguns, talvez até fosse realmente um dia como outro. Para nós e nossa interminável lista de coisas a fazer, era mais uma etapa da infindável maratona que vínhamos correndo contra o tempo. Tínhamos apenas uma semana para aprontar o barco para a largada da terceira perna, no domingo, e muito trabalho pela frente. A começar pela reinstalação do mastro e seus cabos de fixação.

Ao mesmo tempo que cobrávamos cada vez mais da nossa heróica equipe de terra, eu pensava no quanto aquele espírito de união era importante para o sucesso geral da regata. O fato de sermos o time com mais integrantes do próprio país e o jeito de ser dos brasileiros fazia com que nosso grupo fosse unido como talvez nenhum outro. Um jornalista especializado que cobria a prova chegou a escrever que a nossa simpatia natural e a disposição de nossa equipe de terra de estar sempre pronta a ajudar os outros inauguravam uma nova era no ultracompetitivo mundo da vela patrocinada. Era um exagero, mas mostrava o quanto o nosso "jeitinho" era diferente. E no bom sentido.

Mesmo no mar, no rígido sistema de turnos que vivemos no oceano, a "bagunça organizada" dos brasileiros era diferente. No início, os tripulantes estrangeiros ficaram meio ressabiados, mas logo se acostumaram e depois se integraram, quase como nativos. No *Brasil 1*, a lavagem da louça, do banheiro, a água que tinha que ser fervida, nada era objeto de muita rigidez. Sempre tínhamos um tripulante designado para a tarefa, mas isso era negociável e mutável. Muitas vezes resolvido entre a própria tripulação, sem interferência de ninguém. Eu só intervinha quando sentia que um ou outro estava mais preguiçoso ou abusando dos colegas. Até mesmo no convés, nos turnos do timão, era o bom senso e a sensibilidade geral que predominavam sobre a tabelinha de horários. Criamos uma espécie de gestão brasileira no oceano e, mesmo para os poucos críticos do sistema no começo, ele depois se provou o método mais eficiente de gerir nossas tarefas.

Mais que um time, o *Brasil 1* era realmente uma grande família, que recebia de braços abertos todos que quisessem participar, até mesmo membros dos times adversários. Os churrascos que fazíamos se tornaram famosos na regata e todos queriam confraternizar conosco. Nossa equipe de terra, que ainda em Sanxenxo já ajudara outros times, virou referência de boa vontade e isso tudo fazia da equipe tupiniquim a mais popular.

Naqueles dias australianos, eu olhava para todos do time e sentia um profundo orgulho de ver o quanto eles estavam empenhados, solidários e focados. O quanto aquele objetivo de dar a volta ao mundo velejando e de, eventualmente, vencer a regata era uma meta comum. Por isso mesmo quando tomamos a decisão de substituir o Marcelo pelo Horácio no time de vela, eu sabia que não haveria qualquer celeuma. Meu grande companheiro de Star, irmão nos dois ouros olímpicos que conquistei, teria que ficar em terra nas próximas duas etapas para que o Horácio e sua experiência de construtor pudessem estar a bordo nos mares do sul.

Horacinho já havia velejado a primeira perna e tinha dado lugar no barco a Knut, veterano de duas Whitbread/Volvo e tripulante mais experiente no oceano do sul. Agora, nós havíamos decidido que sua presença seria muito importante para o caso de termos que enfrentar qualquer problema estrutural no barco. Marcelo, como sempre, foi gentil e bem-humorado:

— Na fibra de carbono tudo bem. Eu quero ver é como esse cara se vira na cozinha — brincou.

Por precaução, elegemos o Kiko Pellicano como nosso novo cozinheiro.

A etapa de Wellington para o Rio seria, em teoria, a mais difícil de todas. Há bastante tempo queríamos o Horácio a bordo do barco, mas, como ele coordenava também os trabalhos em terra, era complicado para ele acumular as funções. No entanto, depois de todos os contratempos que tivemos na última etapa e na regata local, ficou óbvio que precisaríamos dele perto. Tivemos pouco tempo para preparar o barco e testar tudo e, com o Horácio, teríamos a garantia de que, se algo quebrasse e pudesse ser consertado no mar, ele o faria.

A terceira e a quarta pernas da regata eram um momento especial da competição. De Melbourne para Wellington seria quase uma *drag-race* — regata na qual a velocidade é o que conta — com apenas 1.450 milhas. Que nos VO70 daria algo em torno de quatro dias. Em Wellington, a capital da Nova Zelândia, haveria o primeiro *pit-stop* oficial da prova e, logo em seguida, na quarta etapa, mergulharíamos fundo nos mares mais perigosos do mundo em direção ao cabo Horn e depois, subindo o Atlântico, rumo ao Rio.

Os *pit-stops* eram diferentes dos *stopovers* porque neles as equipes de terra não poderiam ajudar a consertar nada nos barcos.

Os que aceitassem essa ajuda seriam obrigados a largar duas horas depois dos outros. Além disso, o tempo em terra era mais curto e não poderiam ser mudadas as velas escolhidas para estar a bordo nem embarcados novos equipamentos e peças sobressalentes.

Com todas essas limitações e a perspectiva de ter que enfrentar a mais longa e mais dura perna da regata, de Wellington para o Rio de Janeiro, sem poder mexer em quase nada no barco, nossa responsabilidade na remontagem do *Brasil 1* era muito maior. Por isso, queríamos terminar tudo o quanto antes, para podermos fazer algumas velejadas-teste e ver se realmente tudo estava em ordem.

Um ponto importante dizia respeito à escolha do enxoval de velas. Cada time tinha um número total de velas permitidas para toda a regata e também um número total de velas embarcadas em cada perna. Como hoje em dia, com a tecnologia de túneis de vento e o desenvolvimento de velas no computador, há praticamente um pano específico para cada ângulo e intensidade de vento, ter esse planejamento prévio e optar com sabedoria podia fazer a diferença entre ganhar e perder.

Enquanto eu, Marcel, e Stu Wilson, nosso *sailmaker* neozelandês, focávamos nas velas, Horácio, Andy e o time de terra se concentravam nas peças sobressalentes que deveriam ser embarcadas. Isso, sem tirar o olho do trabalho acelerado para deixar o veleiro pronto para a largada.

Na quinta-feira, dia 9 de fevereiro, uma chuva chata e contínua ajudou a atrasar tudo e impediu que terminássemos o barco para dar a tão esperada velejada-teste. Em compensação, eu e os outros seis comandantes da regata fizemos um programa interessante: gravamos nossas mãos na parede da fama do bairro de Docklands, onde ficava a vila da regata.

A área de Waterfront City, as antigas docas do porto de Melbourne, fora totalmente reformada para receber a parada da Volvo Ocean Race, e onde, havia anos, ninguém morava ou passeava, existia agora um bairro moderno cheio de prédios e restaurantes. Uma coisa muito legal que o governo local fez pela cidade. E o povo, claro, correspondeu. A importância que todos estavam dando para a regata podia ser medida pela presença do público. No dia da prova local, um sábado, cerca de 45 mil pessoas passaram pela vila e, no total, mais de 250 mil pessoas já haviam visitado os barcos na cidade. Algo muito bom para nós velejadores, que estamos acostumados com o nosso esporte praticado tão longe das multidões.

Na sexta-feira, finalmente, o barco pôde voltar para água e demos uma velejada reconfortante com tudo funcionando e o veleiro se comportando bem. Lógico que, com a falta de tempo, focamos no essencial e alguns pequenos detalhes ficariam para depois, no *pit-stop* de Wellington, com a mão-de-obra do time de vela mesmo. Estávamos novamente confiantes no nosso bom desempenho e víamos a possibilidade real de nos recuperar na tabela e no nosso próprio sentimento.

Quando havíamos saído de Porto Elizabeth e voltado à segunda perna, todos estávamos motivadíssimos, considerando certa a nossa decisão de continuar velejando. Já tínhamos tirado 500 milhas para o barco australiano, quase um terço da distância que o separava de nós. O pessoal estava com o astral bem legal. Mas, quando o mastro quebrou, é claro que desanimamos. Sabíamos que era o fim daquela etapa e que entraríamos em uma rotina de desânimo até a largada da terceira perna. Mais que recompor o barco, recompor o moral do time era também uma tarefa dura. E parecia que havíamos conseguido fazer bem as duas coisas. Só teríamos certeza depois de voltar ao mar e enfrentar novamente a regata e seus desafios.

Era necessário que recobrássemos a confiança no barco. Por causa do tempo curto de preparação antes da largada e dos problemas de desenvolvimento de uma classe nova de barcos como a Volvo Open 70, a verdade era que, fora os holandeses, que tiveram um ano e meio de preparação, todos os outros times estavam terminando de construir e reforçar seus barcos ao longo da regata. Dos quatro barcos de projeto Farr, o *Brasil 1* era o único que ainda estava invicto em termos de problemas estruturais sérios — a rachadura no convés não era tão grave quanto parecia e a quebra do mastro foi devido à falha de uma peça específica —, mas, mesmo assim, as reformas não paravam.

Por problemas de dimensionamento do projeto ou por vontade excessiva de salvar peso, o fato é que, se tivéssemos seguido a planta original dos engenheiros americanos, talvez eu não estivesse aqui contando essa história. Só quem navegou no *Brasil 1* em condições mais severas de mar, antes dos primeiros reforços que fizemos e mesmo algum tempo depois, pôde ter a real dimensão do que era ver o motor do barco literalmente pulando no seu berço em uma descida de onda ou ver, a olho nu, o casco se contorcendo com o fluxo da água. Visões de terror que aumentavam o receio de que, se forçássemos muito o barco, tudo se romperia a qualquer momento. Sabíamos que haveria mais quatro dias em terra na Nova Zelândia para fazer um ou outro serviço, mas era naquele *Brasil 1* de Melbourne que nós enfrentaríamos os mares do sul, o cabo Horn e as quase 7 mil milhas náuticas entre Wellington e o Rio. Era bom que tudo estivesse realmente funcionando à perfeição. E, pelo menos naqueles testes antes da largada da terceira perna, tudo parecia em ordem.

A competição finalmente recomeçou no domingo, dia 12 de fevereiro. A água estava coalhada de barcos para acompanhar os VO70, na mesma baía de Port Philips que, uma semana antes, vira a regata de porto. Mais uma vez largamos bem na Austrália e saímos em segundo, logo atrás do *Piratas*, descendo a baía em direção ao mar. Na barra de Port Philips, que era muito estreita, o vento parou e a forte correnteza praticamente estacionou todos os barcos. Com isso ficamos embolados em terceiro ou quarto lugar. Mas, logo depois, entrou o vento forte, a favor, e começamos a surfar as enormes ondas que a baixa profundidade e a correnteza proporcionavam. Se imaginávamos um teste para o *Brasil 1*, aquele não poderia ser melhor. O veleiro pulava que nem um cabrito de onda para onda e a velocidade aumentava sem parar. Rapidamente, estávamos velejando como se nada tivesse acontecido, e com o pé embaixo.

Com as ondas enormes, o convés do *Brasil 1* por vezes parecia uma piscina e a proa do barco uma cachoeira. Foi em uma dessas verdadeiras paredes de água que o Andy foi arrastado para cima do Kiko e os dois amassaram um dos postes de aço que compõem o guarda-mancebo — proteção que contorna o veleiro. Logo depois foi minha vez. A montanha de água veio varrendo o barco todo, me pegou no timão e me derrubou para trás sobre a caixa da balsa de abandono. Na hora pensei que tinha quebrado um dedão, mas nosso "médico" de bordo, Joca Signorini, examinou e colocou o dedo no lugar, dizendo que havia sido só um deslocamento. Por via das dúvidas, ele imobilizou tudo com esparadrapo e me deu um antiinflamatório.

Mesmo com o Andy meio baleado e eu com o dedão inchado e dolorido, ultrapassamos o *Piratas* e o *Movistar*. Só o *ABN1* ficou na nossa frente. Foi durante meu "atendimento médico", aliás, que tomamos uma decisão tática importante, que mais tarde nos custaria uma posição melhor na chegada em Wellington. Na hora de optar por que lado da ilha Rodondo passar, decidimos ir por cima. Na hora, do ponto de vista meteorológico, foi acertado, mas depois atrapalharia a nossa volta para junto da flotilha. É que no nosso enxoval de velas não estava a genoa grande de enrolar, e sem essa vela não conseguíamos velejar no mesmo ângulo que nossos adversários.

A boa notícia era que os reforços estruturais tinham surtido efeito e o barco se comportava bem melhor nas ondas, o que nos passava mais segurança, que obviamente transformávamos em velocidade. A saída da baía de Melbourne e a entrada no perigoso mar da Tasmânia também tinham cobrado um preço do *ABN2*, o barco dos jovens de vários países que corria sob bandeira holandesa. Um proeiro foi varrido por uma onda e deslocou uma vértebra, além de levar três pontos no rosto. Isso dava a idéia de como as ondas curtas e altas daquele trecho de mar eram traiçoeiras. E isso, de maneira indireta, levaria mais um brasileiro a entrar na regata. Lucas Brun, filho do multicampeão Gastão Brun, era o substituto do proeiro que se machucou e entraria na tripulação do *ABN2*, em Wellington, para correr a perna que o levaria de volta ao seu Rio de Janeiro natal. Era mais um companheiro na regata. Em outro barco, porém mais um bom amigo compartilhando a aventura.

No nosso xadrez tático, tentamos nos manter o mais próximo possível dos líderes. Com apenas dois dias de prova na terceira perna, e mais da metade da rota percorrida, os numerosos neozelandeses da tripulação do *ABN1* pareciam querer chegar em casa primeiro. Os espanhóis vinham 40 milhas atrás, logo depois o *Piratas* e nós.

Quando a tripulação do *ABN1* chegou ao estreito de Cook, o vento que vinha de sudoeste simplesmente parou e eles estacionaram a pouco mais de 130 milhas da chegada. Em pouco tempo, os espanhóis pulverizaram a liderança deles e começou uma batalha que só terminaria na linha de chegada. Os espanhóis na frente e o barco holandês atrás. Cambada a cambada, jaibe a jaibe, manobra a manobra, o que se viu foi uma perseguição implacável que culminou com a chegada mais disputada entre dois barcos em todas as edições da regata de volta ao mundo. Um épico. Apenas nove segundos separaram os vencedores, o *Movistar*, dos vencidos, o *ABN1*. E pelos sorrisos dos dois comandantes que as fotos dos jornais estamparam no dia seguinte, a brincadeira deve ter sido boa.

Quanto a nós, restava perseguir o nosso rival americano em uma batalha menos parelha, mas não menos emocionante. Com os ventos mais fracos no estreito que separa a ilha do norte da ilha do sul da Nova Zelândia, o barco americano também deu uma paradinha e nos proporcionou cortar pela metade a frente de 30 milhas que ele tinha sobre nós. Já nas 100 milhas finais, procuramos nos aproveitar de algum vacilo, mas eles também estavam atentos e conquistaram o pódio em Wellington. Para nós sobrou um quarto lugar com gosto de vitória, depois de tantos infortúnios. E a certeza de que estávamos, mais fortes do que nunca, de volta à volta ao mundo.

O EVEREST DOS MARES

Seguindo a tradição, André Bochecha, com Torben e Horácio, fuma um charuto para comemorar a passagem pelo lendário cabo Horn

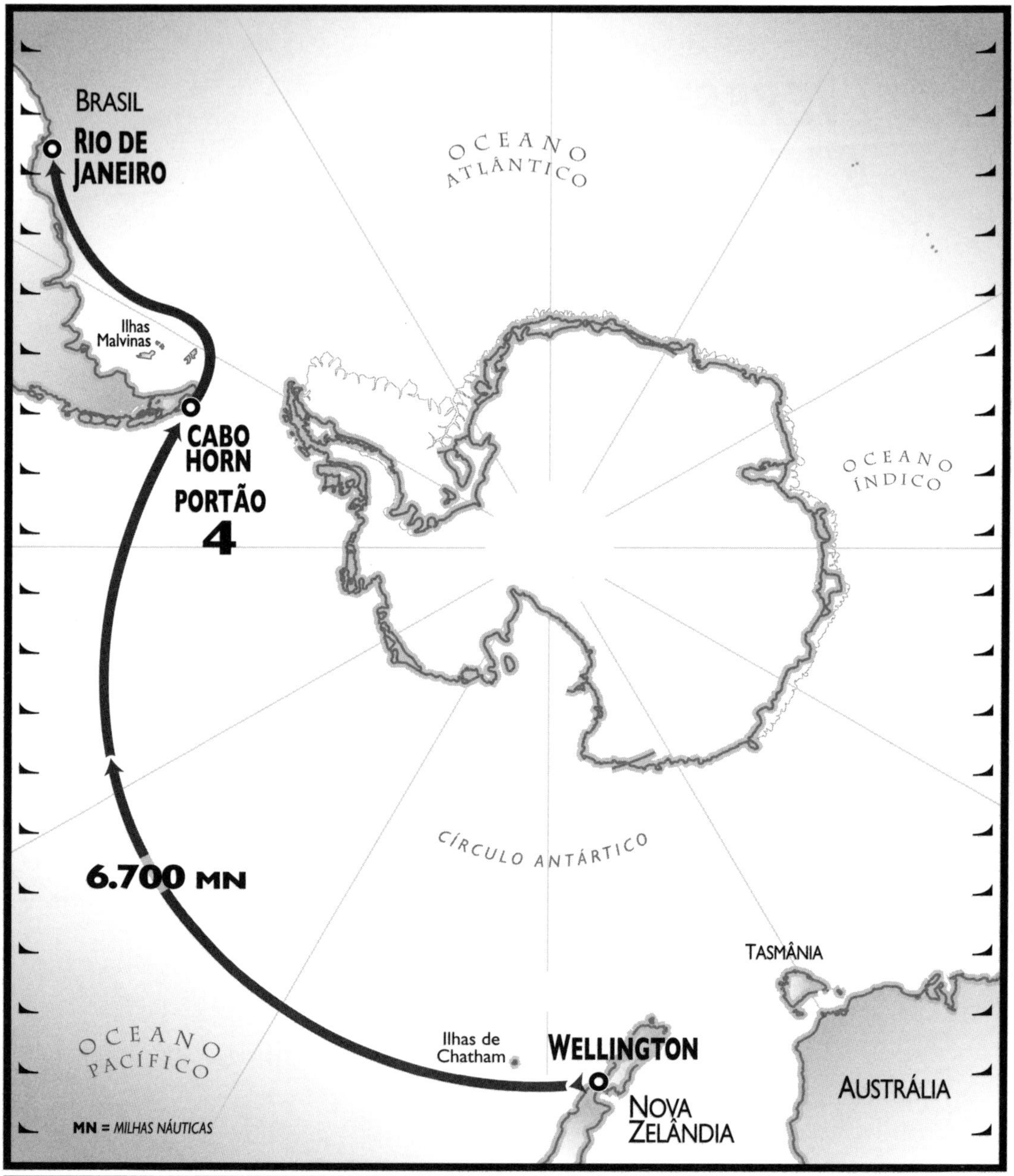

QUARTA PERNA: Wellington – Rio de Janeiro

— **COMO É BOM** ter vocês aqui! — disse a moça, com um largo sorriso, típico dos brasileiros que se emocionam em ver seus compatriotas pelos confins do vasto mundo.

— Você não imagina o quanto — respondi, procurando ser gentil e recordando tudo que nós havíamos passado para conseguir chegar com nossa nave tupiniquim ao outro lado do planeta.

Para quem sai navegando do Brasil, a Nova Zelândia é um dos destinos mais longínquos em termos de distância e dificuldade para chegar. O arquipélago colonizado por ingleses no oceano Pacífico, ao sudeste da Austrália, é um dos lugares mais remotos do planeta, mas, curiosamente, é um destino natural para os iniciados no mundo da vela.

Eu mesmo, por causa das duas disputas da America's Cup nas águas de Auckland, a maior cidade do país, já havia vivido lá por quase três anos da minha vida. Em nenhum outro lugar do planeta o esporte da vela é uma paixão nacional tão evidente quanto por lá. É o país com o maior número de barcos a vela *per capita* no mundo, praticamente um para cada quatro habitantes, e os veleiros e seus comandantes são verdadeiros heróis populares, que desfrutam de prestígio social comparável ao dos jogadores de futebol em nossas terras.

Por isso mesmo, quando em 1995, depois de mais de 140 anos de história, o troféu desportivo mais antigo do mundo, a America's Cup, foi vencida por um time *kiwi*, o país virou uma festa e as ruas foram tomadas por milhares de pessoas em êxtase. Para os neozelandeses, velejar é tão natural quanto andar de bicicleta ou bater uma bola. Prova disso é que, entre todas as tripulações dos sete veleiros que disputavam aquela edição da Volvo Ocean Race, 12 velejadores eram das ilhas, a nacionalidade mais numerosa — só no *Brasil 1* havia dois, o proeiro Andy e o *sailmaker* Stu. Fora as equipes de terra, que tinham mais uma generosa porção deles.

Estar em um país que respira a vela e que aprecia tanto o nosso esporte era, sem dúvida, um prazer. E mais prazeroso ainda foi perceber que na capital havia um número grande de brasileiros — de férias, estudando, trabalhando — que também curtia o fato de um time nacional fazer parte da festa. Nas poucas horas que passamos em terra, o programa mais legal que fizemos foi na embaixada brasileira, em uma recepção com centenas de brasucas apaixonados que elevaram o nosso moral e nos deram aquele carinho extra que, na distância enorme de casa, faz tanta falta.

Como as regras da Volvo Ocean Race proibiam a ajuda externa no *pit-stop,* a expectativa era de muito trabalho para toda a tripulação nas cerca de quarenta horas que o barco iria ficar ancorado em Queen's Wharf, o antigo porto da capital neozelandesa. A largada para a quarta etapa seria dada em menos de dois dias e o barco precisava estar com tudo em cima, pois não seria uma velejada qualquer. Na maior perna da regata, os veleiros iriam percorrer 6.700 milhas náuticas (cerca de 12.400 quilômetros) até a Marina da Glória, no Rio de Janeiro. Tudo isso, enfrentando os terríveis mares do sul e contornando o cabo Horn, que seria mais um portão de pontuação da prova.

Para os navegadores do mundo todo, o cabo Horn e sua passagem são o Everest dos mares, o ponto mais alto da carreira de qualquer um, o lugar-símbolo da bravura náutica, onde o verdadeiro funil geográfico formado pela ponta da América do Sul e a península Antártica transforma, por vezes, o mar e o vento em cenários demoníacos. Nós estávamos preparados para fazer história e ser o primeiro barco brasileiro a contornar o famoso cabo em regata, sem qualquer possibilidade de "tirar o pé" ou buscar abrigo, se necessário.

O *pit-stop* foi muito bom para repor as energias e terminar de ajustar o barco com calma. As ondas grandes da saída da baía de Melbourne tinham servido para provar que os reforços estruturais que fizemos haviam dado mais robustez ao *Brasil 1*. Poderíamos velejar sem sustos, dando o máximo que pudéssemos. Para mim, particularmente, foi corrido, pois ainda tive que visitar uma clínica ortopédica para tirar uma radiografia da mão direita e depois ir a um médico para examinar o dedão. Mas Joca, nosso médico de bordo, foi aprovado com louvor, e seu curativo e sua receita haviam sido os tratamentos corretos. Em poucos dias o dedo estaria totalmente curado.

No domingo, dia 19 de fevereiro de 2006, iríamos zarpar novamente e dessa vez em direção a nossa casa. A etapa mais difícil e importante para nós. Afinal, iríamos chegar ao Brasil e cruzar a Baía de Guanabara, e uma boa colocação seria a coroação do nosso trabalho. Até os estrangeiros da tripulação estavam animados. Stu Wilson, apesar de estar deixando sua Wellington natal, já afirmava que queria comprar um apartamento e viver no Rio. O norueguês Knut Frostad resumiu tudo com bom humor:

— Imagine só se chegarmos em primeiro lugar. O Rio de Janeiro terá uma rua Stu Wilson, uma avenida Kiko Pellicano e uma praia Knut Frostad — disse, brincando.

A etapa seria realmente a mais desafiadora da competição e, ao contrário da segunda perna, em que não pudemos navegar nas altas latitudes por causa da criação de dois *ice gates* (portões de gelo), dessa vez a organização não limitaria tanto o curso, pois o Horn é muito ao sul. No entanto, haveria dois portões de gelo também. No paralelo 48° sul, entre os meridianos 148° e 143° oeste, e 130° e 125° oeste. A etapa não mudaria muito com esses portões, mas nós não iríamos chegar tão rápido como o previsto e, novamente, era um pouco frustrante ter que abrir mão da velocidade e do risco.

No domingo, finalmente largamos em Wellington e, infelizmente, saímos mal. Até que a largada em si foi boa, mas logo nos primeiros bordos que demos, por um erro nosso, a vela de proa, a genoa, rasgou. Isso nos obrigou a fazer o contravento da largada apenas com uma vela pequena e nos deixou um pouco para trás. Quando voltamos para o vento em popa, nos recuperamos e chegamos a estar em terceiro. Mas, novamente, no oceano aberto, sentíamos a falta da genoa fracionada, a FG, que não estava no nosso enxoval, e tínhamos que navegar em ângulos diferentes dos nossos adversários, o que era uma verdadeira tortura.

Eu havia sido um dos principais responsáveis pela escolha das velas para aquelas duas etapas e pedi muito a Stu que incluísse a genoa fracionada, sendo voto vencido. Depois comecei a resmungar quando ela nos faltou e Stu apelidou a ausente vela FG de "Fucking Grael", em uma "singela" homenagem a este comandante. Não podíamos fazer nada. Só velejar muito e caprichar o máximo para nos manter o mais perto possível do resto da flotilha.

Por conta do rasgo na genoa, Stu e Bochecha passaram as primeiras horas da quarta perna remendando e costurando a vela. O remendo, se não deixou a vela nova, pelo menos serviu para que não ficássemos sem outro pano importante. Com a previsão da chegada de uma frente fria com ventos muito fortes, nosso navegador optou por uma rota que nos deixasse em condições de pegar o vento de uma forma mais favorável, o que poderia nos dar uma vantagem sobre os concorrentes quando ela chegasse. E assim rumamos mais ao norte.

As coisas fluíam muito bem depois dos reforços no barco e o *Brasil 1* velejava com mais conforto. A ausência de Marcelo era sentida nas horas das refeições e nos bate-papos que seu bom humor sempre transformava em momentos hilários. Mas, mesmo assim, o astral a bordo estava ótimo. Em Wellington, fizemos algumas reuniões com a tripulação para acertar os ponteiros e o reflexo disso estava sendo sentido. Mesmo com a certeza de que nossos adversários estavam usando a vela que não tínhamos e com a obrigação de sempre velejar em uma rota um pouco diferente deles, todos estavam confiantes e satisfeitos.

Dois dias depois da largada, para nossa alegria, no boletim da noite aparecemos liderando a etapa. Lógico que os cálculos que a organização faz para determinar quem está na frente são tão mais imprecisos quanto maior é a distância para o objetivo final, mas de qualquer forma é sempre mais legal ver seu nome no topo do que embaixo. Em qualquer circunstância.

O temido frio dos mares do sul, que tanto assustava os brasileiros, ainda não havia chegado. Ainda bem. Velejávamos em latitudes mais baixas, devido aos *ice gates*, e a temperatura da água era de quase 10°. Dentro do barco e nos sacos de dormir era até agradável. O que mais incomodava era a condensação na cabine, que, por vezes, fabricava uma "chuvinha" interna. Mas nada de mais.

Com o passar dos dias, a rotina a bordo se restabeleceu e os momentos de correria e angústia na África do Sul e Austrália ficaram distantes na memória. O barco velejava muito bem e o único problema era um pequeno vazamento de óleo em um dos cilindros hidráulicos da quilha, que fazia Horácio e Kiko terem um trabalhinho de vez em quando. Se o vazamento piorasse, ainda tínhamos o cilindro reserva e poderíamos fazer a substituição. Claro que trocar uma peça de 80 quilos no meio do mar com as ondas batendo não seria fácil, mas estávamos preparados.

O próximo momento de emoção da etapa seria o primeiro *ice gate*. Eles não valiam pontos, mas atravessar os portões de gelo era fundamental. Foi justamente na aproximação do primeiro deles que a frente fria que esperávamos entrou com força. Na cabeça dela, chegamos a pegar 60 nós. O vento foi de 25 para 60 nós de um tapa só, sem que sequer pudéssemos visualizar a sua chegada. O Chuny estava no leme e deu um "atravessadão" em que quase cambamos involuntariamente. Por sorte isso não aconteceu e não tivemos nenhum dano. Depois, a coisa virou um vento de través — pela lateral do barco —, de 30 nós, com muita onda, muitíssimas pranchadas e tudo muito, muito molhado no convés o tempo todo. Finalmente, condições do oceano sul.

A temperatura também caiu e a condensação dentro do *Brasil 1* aumentou. Devido aos solavancos bruscos do barco, fazer qualquer coisa na cozinha virou uma tarefa árdua. Para lavar um prato, necessitávamos de uma mão para segurar o prato e um pé para bombear a água. Com o veleiro muito inclinado e pulando feito um cavalo chucro, já viu, né? Era praticamente impossível. O vazamento no cilindro da quilha também aumentou um pouco, mas continuava sob controle. O único inconveniente era que o óleo misturava-se aos poucos com a água que sempre acabava entrando no barco, por mais que nos esforçássemos para que isso não acontecesse, e no final ficava tudo contaminado e escorregadio.

Nossa rota mais ao norte quase funcionou, mas no final o pessoal que foi mais pelo sul acabou conseguindo passar pelo portão antes da entrada da frente e levou vantagem. Perdemos algumas milhas e tínhamos que correr atrás do prejuízo. E era exatamente isso que estávamos fazendo. Metendo o pé embaixo. O *Brasil 1* pulava de onda em onda como se fosse um pequeno Laser, só que com 15 toneladas. Quando ele aterrissava, produzia um som nada agradável de se escutar por aquelas paisagens tão isoladas do planeta. Mas seguíamos firmes no nosso propósito de não deixar a flotilha escapar. Por vezes, o barco parecia um submarino imerso na imensidão do mar branco de espumas.

Em poucas horas, passaríamos pelo segundo portão de gelo e aí estaríamos livres para fazer o rumo mais ao sul, pegando ventos mais favoráveis e com um ângulo melhor. O mais importante era que navegaríamos mais a favor das ondas, melhorando as condições para o barco e nossa vida a bordo. Mal podíamos esperar.

Com a chegada do carnaval, os foliões mais animados da tripulação criaram dois blocos: o "Segura que está quicando" e o

"Se veste que está gelado", mas nenhum dos dois parece ter conseguido um bom desfile no convés molhado. Para os brasileiros acostumados com o reinado de Momo, a expressão "pular carnaval" nunca fez tanto sentido.

Houve ainda outro momento de descontração. No dia 28 de fevereiro foi aniversário do Kiko Pellicano e, no dia seguinte, o do Chuny. Com o pequeno estoque de bebidas do barco reduzido a uma única garrafa de cachaça, que pretendíamos abrir no cabo Horn para comemorar nossa passagem, a festinha foi quase sóbria. Mas, para não passar em branco, resolvemos permitir uma rodada em homenagem a cada aniversariante e o parabéns foi um pouco mais animado e menos frio.

A nossa perseguição implacável estava dando bons resultados e, apesar de navegarmos sob forte nevoeiro, com problemas no radar, não estávamos aliviando nada. As imensas vagas, favorecidas pela ausência de continentes na rota das ondas no oceano sul, são impressionantes. Por sorte, eram ondas rápidas. A velocidade dos VO70 era uma das coisas que tornavam a velejada ali mais confortável. Se é que é possível dizer isso. Por navegarmos com médias tão altas, nos mantivemos à frente de uma enorme zona de baixa pressão e de seus ventos ensandecidos por quase toda a velejada nas altas latitudes. Foi também o que permitiu que o *Brasil 1* batesse seu próprio recorde de singradura. Cobrimos 531 milhas em 24 horas.

Finalmente, no dia 2 de março de 2006, a parte frontal da zona de baixa pressão nos pegou e foi com ela na nossa cola que fizemos história. Precisamente às 21 horas e 25 minutos GMT o *Brasil 1* foi o primeiro barco com bandeira brasileira a cruzar, em regata, o ponto mais extremo de todos os oceanos. Gritamos muito e, mantendo a tradição dos velhos navegadores, abrimos a garrafa de cachaça, brindamos e acendemos um charuto. O Everest dos mares estava vencido.

“ESTAMOS AFUNDANDO”

O barco espanhol Movistar *quase soçobrou no cabo Horn*

POUCO ANTES de chegarmos ao cabo Horn, no mesmo dia 2 de março de 2006 que entraria para a história da vela nacional, recebemos um comunicado assustador. Jamais esquecerei do Marcel van Triest colocando a cabeça para fora da cabine e gritando:

— O *Movistar* está afundando!

Logo depois ele voltaria a berrar com novas informações da organização da regata. Eles pediam que nos preparássemos para ir ao encontro do *Movistar* e resgatar sua tripulação, pois éramos o barco mais próximo dos espanhóis e talvez os únicos que poderiam salvar as suas vidas caso acontecesse o pior.

Quando ouvi isso, imediatamente olhei para os instrumentos do *Brasil 1* e meu coração deu um pulo. O vento soprava a quase 50 nós e andávamos a quase 30. Isso em ondas gigantescas e nas proximidades do mais famoso cabo do mundo, que virou lenda justamente por conta dos numerosos naufrágios que aconteceram naquelas águas.

É lógico que imediatamente nos colocamos de prontidão e começamos a torcer para que o barco não precisasse de nós ou do *Ericsson*, que também havia sido advertido para ficar em alerta. Por sorte, não precisamos dar meia-volta e enfrentar aquele mar titânico para salvar nossos amigos. No entanto, algumas horas depois de cruzar o Horn ficamos sabendo o que realmente havia acontecido com o *Movistar*. A história que ouvimos era tudo o que qualquer navegador que já tenha passado por aquelas águas não gostaria de viver nem em pesadelo.

Eram 3h15m do dia 2 quando a tripulação do *Movistar* foi acordada com o grito que jamais se quer ouvir:

— Abandonar navio! Estamos afundando! — avisou o comandante, acordando a parte da tripulação que estava fora de turno.

Quando os homens pularam de seus beliches e tocaram o chão da cabine, puderam sentir na pele, literalmente, a gravidade do problema. Dentro do barco a água já estava nos seus calcanhares, e pouco tempo depois alcançaria seus joelhos. Ainda sem saber direito como agir, os tripulantes mergulharam naquela piscina gelada em que se transformara o interior do veleiro e começaram a procurar equipamentos que o momento exigia.

— Diminuam a velocidade! Baixem os panos! Fechem as gaiútas estanques! Preparem as mochilas de abandono e as balsas salva-vidas! — continuava gritando o comandante, em uma seqüência ininterrupta de ordens terríveis de se dar.

O navegador já estava acionando freneticamente os eletrônicos que disparam o alarme em uma situação como essa e falando com a organização da regata sobre o problema que enfrentavam. Nesse momento, a água atingiu toda a fiação elétrica e alguns disjuntores do gerador e do motor. O barco ficou sem energia e todo às escuras. Ainda bem que os equipamentos de comunicação têm uma bateria de emergência e foi possível continuar em contato com o pessoal de terra.

De qualquer forma, o *Movistar* era agora um navio fantasma, apagado, à deriva, perdido na imensidão negra da noite sem lua e sem estrelas do mar mais perigoso do mundo. Apenas com uma vela içada para permitir algum governo ao barco, a tripulação, toda ela, bombeava desesperadamente a água — o que era possível — para fora da cabine. Com o colapso das baterias, as bombas elétricas pararam e apenas a força física dos homens, que àquela altura já lutavam pelas próprias vidas, era o que mantinha o veleiro flutuando.

No entanto, a guerra estava sendo lentamente vencida pelo mar e, por mais esforço que a tripulação fizesse, o nível da água que invadia a cabine pela caixa da quilha só aumentava. Foi aí que o heroísmo de um homem, Chris Nicholson, mudou o destino de seus nove companheiros. No frio e no escuro, ele mergulhou rumo às baterias e, mesmo embaixo d'água, sentindo os choques elétricos das partes em curto, fez uma ligação direta das bombas de emergência. Para alegria de todos, elas começaram a funcionar em alta velocidade. E muitos dos velejadores do barco espanhol relataram mais tarde que aquele som, tantas vezes estridente, do acionamento das bombas havia sido a música mais sublime que seus ouvidos já tinham escutado. Eu imagino.

Por longos minutos, todos continuaram o bombeamento manual até que perceberam que o nível da água estava baixando dentro da cabine. Alívio. Quando finalmente a água chegou ao rés do porão, a tripulação pôde ver que o selo mecânico da quilha basculante se rompera novamente e que era por ali que o oceano invadia o barco aos borbotões. Eles fizeram um reparo de emergência que diminuiu muito o vazamento e seguiram lentamente rumo ao Horn para contorná-lo, ganhar os pontos do portão de pontuação e suspender a regata, "motorando" pelo canal de Beagle até a cidade de Ushuaia.

Na sua primeira comunicação depois do acidente, o comandante Bouwe Bekking procurou tranqüilizar todos os demais barcos. Disse que, com as bombas funcionando normalmente, a situação estava praticamente sob controle. Segundo ele, toda a tripulação estava empenhada em resolver os problemas decorrentes do alagamento. E não foram poucos, já que a parte elétrica quase toda estava molhada, assim como vários equipamentos.

Em Ushuaia, a cidade mais ao sul de todo o planeta e capital da província argentina da Terra do Fogo, os homens do *Movistar* aguardaram a chegada do time de terra para fazer os reparos necessários ao término da etapa até o Rio. Mesmo no conforto quente do píer do porto, os tripulantes do barco espanhol ainda estavam incrédulos. Só alguns dias depois eles se deram conta do tipo de aventura que haviam acabado de protagonizar. É compreensível.

Nós no *Brasil 1*, ainda no calor da regata e excitados com a bela navegação que, logo depois da passagem da ponta da América do Sul, nos colocou de volta na disputa, apenas a 40 milhas do líder, talvez tenhamos sentido, em nossas fantasias de tragédia, um impacto inicial maior. Quando você recebe o tipo de comunicação que recebemos, é um choque tão grande que, mesmo com toda a racionalidade do mundo, é impossível não ficar abalado. A navegação nos mares do sul é tão tensa e tão desgastante que o cabo Horn, a esquina salvadora que você dobra para finalmente se livrar daquilo tudo, passa a ser quase uma obsessão. E justamente naquele momento-chave, no limiar da redenção, você descobre que tudo pode acabar em instantes e que estar ali é realmente um feito digno da fama do lugar.

De fato, apenas uma hora depois de contornar o famoso marco geográfico, já navegávamos sem neblina, em mar calmo, com apenas 10 nós de vento. Uma mudança radical, sem dúvida. Enquanto aproveitávamos para arrumar tudo a bordo e cuidar um pouco mais de nós e do barco, o episódio dos espanhóis não saía das nossas cabeças. E se fosse conosco? E se fosse eu quem tivesse que gritar a todo pulmão que estávamos afundando? Era muito bom estar a salvo. E, no nosso caso, melhor ainda era estar a caminho do lar.

LAR, DOCE LAR

O desembarque do Brasil 1 no Rio mistura alegria e frustração

— **TORBEN**, eu tive uma idéia. Venha ver — me chamou Marcel, para a mesa de navegação.

Passados o Horn e o susto, a vida no *Brasil 1* retomava o ritmo de regata e nosso navegador, famoso por ser ousado, acabara de me propor um caminho diferente. Como já havia comentado, a falta da genoa fracionada de enrolar, uma das velas de proa que ficou fora do enxoval de 11 velas que as regras permitiam que cada barco carregasse, estava nos custando caro. Tínhamos que navegar de forma diferente do resto da flotilha. No começo da quarta etapa, na passagem do primeiro portão de gelo, havíamos tentado a rota mais ao norte, e não obtivemos sucesso. Isso se deveu à nossa impossibilidade de acompanhar os outros pela falta da vela certa. Não que fôssemos mais lentos. Apenas não navegávamos no mesmo ângulo, o que representava, por vezes, uma perda em relação ao rumo, ao objetivo. Naquele momento, Marcel enxergara novamente uma oportunidade de tentarmos algo diferente. E eu concordei, claro.

Antes do cabo Horn já vínhamos nos esforçando para encostar nos primeiros. E na passagem do portão de pontuação conseguimos cruzar em terceiro, pouco mais de cinco horas depois do líder *ABN1* e três horas e meia depois do *Piratas*. Na virada da "esquina" em direção ao norte e ao leste, rumo ao Rio de Janeiro, decidimos passar por dentro do estreito de Le Maire e tentar sair do outro lado em uma posição mais favorável. O tal estreito é um braço de mar entre o continente sul-americano e a ilha Staten, que tem uma corrente fortíssima de maré, mas que, no momento de nossa passagem, estava quase morta. Assim fizemos, e no dia 3 de março tivemos a alegria de ver o *Brasil 1* oficialmente em segundo lugar na tabela oficial, a apenas 13 milhas do primeiro, o *ABN1*. Uma vitória pontual, mas muito saborosa. A nossa proa agora apontava para as ilhas Malvinas e de lá rumaria finalmente para nossa casa.

Não era a primeira vez que eu navegava naquelas águas. Quando tinha 12 anos de idade, meu avô Preben inventou um cruzeiro pelos mares do sul. Além dele, eu, meus pais e meus irmãos, pegamos na Argentina um navio que saiu da Espanha rumo ao famoso cabo no sul do continente. Lembro da excitação de todos nós, velejadores, quando cruzamos, mesmo a bordo de um brutamontes, aquele mar terrível e o cabo Horn. Depois ainda tivemos oportunidade de conhecer Ushuaia, a Antártica e as Malvinas. Eram boas as lembranças que eu tinha daquela parte do mundo. E o nosso novo rumo no *Brasil 1* era exatamente para um desses lugares inesquecíveis, as ilhas Malvinas.

Apesar de termos cortado caminho no estreito de Le Maire, quem mais ganhou na montagem da Malvinas foi justamente o penúltimo colocado no Horn, o *ABN2*. Os meninos foram mais por fora, mais a leste e se deram muito bem. Nós, ao contrário, éramos o barco mais a barlavento, a oeste, e acabamos sendo superados por eles, que saíram das proximidades do arquipélago em segundo. E pelo *Piratas*, que ficou em terceiro. Perdas e ganhos.

Mesmo estando em latitudes ainda muito altas, o mar já estava mais amigável e os ventos, poderíamos dizer, até fracos. Foi nesse regime que começamos nossa subida rumo ao norte. Os dias eram ensolarados e as nuvens de chuva isoladas, chamadas de "pirajás" no nordeste brasileiro, já estavam presentes. A bordo o astral andava bom com o tempo mais quente, mais seco e, principalmente, menos incômodo. Fora, é claro, o conforto de saber que estávamos indo para o Brasil.

Em termos de regata, a disputa continuava acirrada. A famigerada vela FG já não fazia mais tanta falta e, àquela altura, a distância para o líder era de apenas 40 milhas. Como sempre, estávamos dando o máximo para tentar ganhar um pouquinho de terreno sobre os outros. Naquele momento, foi a falta de outra coisa que se fez notar. Nosso radar vinha com problemas desde sempre e, no verdadeiro labirinto de nuvens no oceano, era algo que fazia uma diferença danada. Foi por falta dele que não notamos uma enorme nuvem, sem vento, e estacionamos embaixo dela por preciosas horas, em uma calmaria particular absolutamente irritante. Quando finalmente nos livramos dela, o *Piratas* e o *ABN2* tinham sumido de vista.

Mesmo assim, seguimos nos esforçando para encostar nos adversários. E, apesar de o clima a bordo ter piorado um pouco, com alguns tripulantes reclamando mais do que deveriam, talvez por causa da tensão, continuávamos mantendo as esperanças de chegar bem em casa. Pelo menos em uma posição de pódio.

A mais ou menos 500 milhas do Rio, a flotilha se compactou novamente em uma zona quase sem ventos e surgiu outra oportunidade para nós. Com atenção redobrada quando a brisa entrou, conseguimos, um dia antes da chegada ao Rio, nos aproximar muito e finalmente ultrapassar o *ABN2*. Além de encostar no *Piratas*, o que era ótimo. Nessa altura, o *ABN1* já mantinha suas regulares 100 milhas de vantagem sobre o segundo e parecia, novamente, o favorito para vencer a etapa.

Como se não bastasse tudo que já havíamos passado ao longo das mais de 6 mil milhas navegadas na perna, quando finalmente o vento entrou forte, por trás, e vínhamos andando bem com o balão grande em cima, a escota de balavento da enorme vela se rompeu. A escota é o cabo que sustenta a vela por baixo, e sem ela o balão ficou desfraldado como uma bandeira, batendo furiosamente. Para conseguir substituir o cabo, era preciso baixar a vela e depois içá-la novamente. Claro que problemas nunca vêm sozinhos e, quando finalmente baixamos o pano, ele foi para a água. "Pescamos camarão" e, na hora de trazê-lo novamente para o barco, ele se rasgou. Resultado: ficamos apenas com o balão pequeno.

Já quase sentindo o cheiro de terra, tudo o que queríamos era manter nossa terceira posição e, quem sabe, conseguir ultrapassar o *Piratas*. Se não desse no oceano aberto, ainda teríamos uma última chance de tentar algo se chegássemos à Baía de Guanabara bem perto deles e usássemos nosso conhecimento local nas últimas e preciosas milhas. E até que, mesmo com o balão pequeno, estávamos andando bem. Só que aquele definitivamente não era o nosso dia.

Na véspera da chegada, ainda conseguimos ultrapassar o *Piratas* e estivemos em segundo por bons momentos. A diminuição da diferença entre nós, no decorrer das horas, já vinha deixando a galera animada. No boletim das sete horas da sexta-feira, dia 10, a distância era só de 25 milhas entre os dois barcos. Às 13 horas, passou para 16 milhas e para 6 milhas, às 16 horas. Às 19 horas, o

Brasil 1 aparecia uma milha à frente dos americanos para alegria de todo o time e, depois eu saberia, delírio da torcida no Brasil.

Mas, quando chegamos bem perto do Rio, a ponto de já ver com clareza as luzes da cidade, começaram a surgir uns "buracos de vento". Pequenas zonas pontuais de calmaria. E foi para evitar um deles que, por um erro meu, o barco deu o que chamamos de jaibe chinês. Uma atravessada involuntária e violenta que, literalmente, nocauteia o barco e o deixa completamente adernado e parado. Uma droga. Fora o susto de ver o mundo ao contrário, é óbvio que se perde um precioso tempo para colocar o barco andando novamente. Tudo que construímos nas milhas finais da segunda etapa mais longa da viagem foi por água abaixo.

Mesmo a enorme festa que Marcelo Ferreira e outros amigos fizeram na boca da barra, de madrugada e chovendo, as dezenas de barcos que nos acompanharam Baía de Guanabara adentro e os fogos de artifício que iluminaram a madrugada do Rio, não foram capazes de nos animar imediatamente. Precisamente às 4h55 da manhã de sábado, dia 11 de março de 2006, cruzamos a linha de chegada no Rio, em quarto lugar. Pouco mais de quarenta minutos depois do segundo colocado, o *Piratas*, e só 19 minutos depois do *ABN2*.

Eu me vi em plena Marina da Glória, tomado pela alegria de voltar para casa, mas a ironia fina e desconcertante do destino me deixava consternado. Por que ele nos fizera navegar por meio mundo, por mais de 6.700 milhas desde a longínqua Nova Zelândia, para chegar colado em dois adversários, ultrapassá-los e depois perder o nosso tão sonhado pódio em casa? O que havíamos feito para merecer uma punição tão grande nos momentos finais daquela batalha épica contra o mar, contra o Horn, contra nós mesmos? Eu não sabia. E meu semblante demonstrava isso. Só que não havia nada mais que pudéssemos fazer.

Quem parecia não se importar era a torcida que às cinco da matina, às centenas, lotava o píer nobre da marina e nos saudava alegremente, como se fôssemos os primeiros. Que animação! Que carinho! Que sensação indescritível para nós velejadores, acostumados com a distância dos fãs e com a solidão do oceano. Em um certo sentido, eles até tinham razão, éramos mesmo os primeiros. Não só pelo ineditismo de nosso projeto, mas porque, como havíamos zarpado para nossa aventura daquele mesmo píer no dia 20 de agosto de 2005, o *Brasil 1*, de todos aqueles barcos, era o primeiro a fazer uma volta ao mundo completa. Mesmo que em termos de Volvo Ocean Race ainda faltasse bastante.

De qualquer forma, agradeci ao velho Balu, do Rio Sailing, nosso clube em Niterói, que foi o único a nos desejar um bom regresso naquela partida em agosto e foi o primeiro a nos lembrar que havíamos completado ali, independentemente de qualquer coisa, a nossa circunavegação do globo. Embora uma pequena parte tenha sido de caminhão, isso não importava. Era, de todo modo, um feito. E essa idéia me animou.

Chegar em casa tinha dois lados. Em primeiro lugar, o conforto óbvio de estar na sua terra, falando a sua língua e, no caso dos tripulantes cariocas e fluminenses, dormindo no seu próprio colchão. Era uma delícia, sem dúvida. Por outro lado, redobrava nossas responsabilidades, principalmente a minha, com a imprensa, os patrocinadores e os amigos. Todos queriam atenção e, obviamente, a mereciam.

Havia também a questão do calor humano. Nesse quesito, realmente os brasileiros são imbatíveis. Prova disso é que três dos quatro estrangeiros do barco resolveram ficar no Rio para conhecer melhor a cidade: o holandês Marcel van Triest e os neozelandeses Andy Meiklejohn e Stuart Wilson. Só Chuny Bermudez voltou correndo para a Espanha, por conta de compromissos familiares. Depois, já em Gotemburgo, no final de tudo, todos os comandantes vieram comentar comigo que a escala no Brasil havia sido a melhor de todas e a mais divertida. Eu concordo.

Logo na tarde do dia em que chegamos, o pessoal, com o Marcelo à frente, claro, marcou um superchurrasco na própria Marina da Glória. Foi muito bom estar ali novamente, no meio da nossa galera. Estávamos cansados porque mal tivemos tempo de dormir, mas, quando vi as centenas de velejadores e amigos reunidos, sua alegria e carinho conosco, pude ter a dimensão de que aquela festa era realmente inadiável.

Estar de volta era incrível. Pela primeira vez em toda a minha vida de atleta, pude experimentar realmente o que era a popularidade do esporte. Até então, nossas conquistas e realizações eram comemoradas por poucos torcedores e amigos. Com o *Brasil 1* foi diferente. Dava para sentir na pele o impacto da exposição, principalmente televisiva, da regata. De repente, viramos celebridades. Para uma pessoa tímida como eu, não era propriamente algo a se comemorar, mas era muito gratificante ver que, finalmente, a vela estava se popularizando no Brasil e que nós, com nosso projeto pioneiro, estávamos ajudando a fazer isso.

Enquanto estivemos no Rio, não houve um dia sequer em que todos os velejadores do *Brasil 1* não tenham dado dezenas de autógrafos, tirado uma porção de fotos, respondido a vários jornalistas. Esse tipo de assédio era inédito para nós. Nem quando conquistamos o bicampeonato olímpico fomos tão requisitados. E isso era muito legal. Mas se havia algo complicado naquilo tudo, era o cansaço. Desde a saída da Cidade do Cabo, quando tivemos que voltar com o convés rachado, seguida pela verdadeira epopéia do mastro e da remontagem do barco em Melbourne, não tivemos um minuto de descanso.

Para os outros membros da tripulação, até que ainda dava para fazer um cronograma de folgas. Mas, para mim, nada. Eu tinha que estar presente em todas as velejadas corporativas, todos os jantares, todas as festas. E ainda por cima precisávamos preparar o barco para a regata local no Rio e depois para a quinta perna até Baltimore, nos Estados Unidos. Fora a atenção que eu queria dar à minha família, já que estava morrendo de saudades dos meus filhos e da minha mulher. Foram dias corridos e intensos.

No domingo, dia seguinte à nossa chegada, o *Brasil 1* foi o primeiro a sair da água. Imediatamente, a equipe de terra começou a faxina, em preparação para a desmontagem de todas as peças que seriam revisadas. Considerando tudo o que passamos e o esforço a que o barco fora submetido, até que tínhamos pouca coisa para fazer. Tirando o cilindro da quilha, que estava com um pequeno vazamento, não havia problema estrutural algum. Ainda bem. O sistema da quilha basculante foi desmontado e os dois cilindros responsáveis por sua movimentação foram retirados e enviados para a Itália para uma revisão. Nada muito grave.

Uma semana depois, o barco já estava pronto para voltar à água. No final, apenas um dos cilindros precisou viajar para a Europa e o outro foi consertado no Rio mesmo. Colocamos o cilindro reserva no lugar e também substituímos o leme pelo reserva, por causa de um vazamento. No mais, foi só manutenção normal. Pela primeira vez, desde a largada na Espanha, nós poderíamos treinar e isso estava me animando muito. Dali a uma semana, no dia 25 de março, aconteceria a regata local no Rio.

Com as duas quebras que tivemos e o infortúnio na chegada ao Rio de Janeiro, nossa posição na tabela da regata não era das melhores. Estávamos em quinto lugar na contagem geral e só o *Ericsson*, que, aliás, entrou em crise e substituiu o comandante no Brasil, estava atrás de nós. Os australianos não contavam, já que haviam desistido das últimas etapas e só se juntariam à regata novamente em Baltimore.

O próximo grande desafio de nossa aventura seria uma regata na Baía de Guanabara. Por mais natural que isso pudesse soar, só quem veleja sabe as surpresas que os deuses do vento e do mar poderiam aprontar naquelas águas. E eu já estava ansioso só de pensar.

MARACA DA VELA

Com a ponte Rio-Niterói ao fundo, o Brasil 1 *larga para a regata local no Rio*

ERA UM DIA de festa na Marina da Glória. Pela primeira vez na história da vela nacional um barco brasileiro competindo em uma regata de volta ao mundo iria correr uma regata no nosso país. A responsabilidade era grande, e a pressão, maior ainda.

Os dias que antecederam a *in-port race* foram muito movimentados. Apesar de exausto com a correria desde a África do Sul, eu estava muito feliz com a repercussão do projeto no Brasil. O fato de termos optado por fazer um barco brasileiro, com tripulação predominantemente brasileira e com o nome de *Brasil 1*, havia criado uma identificação popular conosco que nenhuma outra equipe possuía. A maioria dos barcos tinha comandantes e tripulantes de nacionalidades diferentes das dos países que representavam. A maior parte também foi construída no estrangeiro. No nosso caso, nas regatas locais, éramos sete brasileiros e apenas quatro estrangeiros. Uma seleção canarinho.

A descoberta da vela pelo grande público também era outro fator de aglutinação em torno do *Brasil 1*. O barco virou uma novidade no meio esportivo nacional e um verdadeiro xodó no Rio de Janeiro. Basta dizer que na vila da regata, na Marina da Glória, 170 mil pessoas visitaram os barcos e os estandes. Por isso mesmo aquele sábado, dia 25 de março, foi tão especial. Pela primeira vez no país, havia uma mobilização popular para assistir a uma regata. Eram centenas de barcos na água e milhares de pessoas nas margens da Baía de Guanabara.

A Marinha do Brasil fez um trabalho de balizamento impecável e o Rio teve a raia mais limpa de todas as regatas locais da competição global. Até o trajeto da barca Rio–Niterói foi alterado para permitir que os veleiros da regata pudessem desfilar com desenvoltura naquela baía que havia se transformado em um verdadeiro estádio. O Maraca da vela.

Quando saímos do píer da Marina da Glória, a banda dos fuzileiros navais ainda tocava suas marchinhas, abafadas pelo barulho da torcida, e senti um frio na espinha. Era um espetáculo belíssimo que o Rio proporcionava a todos os presentes e, particularmente, para nós que tínhamos a missão de ser os protagonistas daquele show.

Desde os meus tempos de juventude eu sabia que nervos alterados e regatas não eram lá a melhor combinação. Mas o que poderíamos fazer? Ficar indiferentes àquela turma alegre e carinhosa que nos tratava como heróis era absolutamente impossível. Ademais, os outros comandantes, na entrevista coletiva que precedia às regatas locais e ao longo dos treinos da semana anterior, foram espertos e jogaram para cima de nós, de mim em particular, todo o favoritismo na Guanabara.

"O Torben é o rei do Rio", dizia um. "Vencer dos brasileiros em suas próprias águas é muito difícil", afirmava outro. Lógico que não era bem assim. Assim como fizemos em todas as outras regatas de porto, os estrangeiros contrataram velejadores locais para treinar com eles e dar as dicas da raia.

Em toda a volta ao mundo, apenas uma vez o time local venceu a regata de porto. Em Roterdã, com o *ABN1* em primeiro. Sendo assim, o suposto favoritismo do *Brasil 1*, que a mídia, até involuntariamente, reproduzia, não existia. Pelo contrário, o time que sofria a maior pressão era o nosso. E sob pressão é muito fácil errar. Eu estava preocupado.

Um contratempo de última hora nos obrigou a mudar a tripulação. Na manhã da regata, nosso navegador Marcel van Triest amanheceu com febre e se sentindo muito mal. Chamei de volta o norueguês Knut Frostad, que apenas correria conosco as duas pernas do sul e seria substituído nas próximas etapas por Marcelo Ferreira, que já estava de volta a bordo. Isso não chegava a atrapalhar, já que nas regatas curtas a função do navegador é menos exigida que nas pernas oceânicas, mas também não era bom. Pelo menos Knut tinha uma boa noção de navegação, além, claro, de estar entrosado com a gente.

Nossa largada não foi das melhores. Estávamos pelo lado que queríamos, mais perto do barco da comissão de regatas, mas saímos sem muita velocidade e, logo nos primeiros momentos, ficamos para trás. Para tentar alguma coisa, cambamos e fomos para o lado de Niterói. Lá, em frente à Universidade Federal Fluminense, a orla estava tomada por milhares de pessoas e, a despeito de estarmos, àquela altura, em último, foi emocionante ouvir os gritos da galera.

Nossa tática de velejar pelo lado de Niterói deu certo e conseguimos nos aproximar dos outros barcos na montagem da primeira bóia. Para nossa infelicidade, um moitão da escota da genoa — uma das roldanas pelas quais passa o cabo que sustenta por baixo e regula a abertura da vela de proa — se rompeu. Com isso, na hora de cambar, nossa manobra ficou muito mais lenta que o normal. Quando chegamos à aproximação da bóia e cambamos por dentro do *Movistar* e dos *Piratas*, demos margem a que os juízes considerassem nossa manobra perigosa.

Assim, sofremos uma punição e seríamos obrigados a dar uma volta de 360° no nosso eixo. Como os juízes demoraram um pouco a nos informar da sua decisão, já havíamos colocado para cima a enorme vela balão, de mais de 500 metros quadrados. E até descermos a vela, fazermos a volta e voltarmos a velejar com o vento em popa, toda a flotilha já havia passado e ficamos novamente em último lugar, dessa vez muito longe dos outros.

Em qualquer regata, quando você é punido, dificilmente consegue voltar para a disputa das primeiras posições. No caso dos velocíssimos VO70, eu sabia que seria muito complicado até mesmo voltar para perto da flotilha. Por isso mesmo, na hora, eu senti que aquela punição seria decisiva no resultado final.

O tempo todo buscamos encontrar aquele diferencial, de velocidade, de tática, que nos permitisse uma recuperação diante de nossa torcida. Naquele sábado histórico, até mesmo a TV, em mais um fato inédito, estava transmitindo ao vivo a regata. Na minha cabeça, eu só pensava em uma maneira de retribuir a todos o imenso carinho que recebíamos. Seria muito frustrante que justamente o barco nacional fechasse a raia na regata local do Rio de Janeiro.

Como que por encanto, em um dado momento da prova, aquele milagre que nós esperávamos tanto aconteceu com outro time. O *ABN2*, que tinha na tripulação o brasileiro Lucas Brun, de repente pegou uma rajada "particular" e ultrapassou todo mundo. Com muito custo havíamos conseguido superá-los, mas na penúltima perna eles simplesmente saíram de último para terceiro quando o vento aumentou de intensidade. Se por um lado era uma pena que o milagre estivesse do lado "errado", por outro nos mostrava que ainda era possível chegar em uma posição melhor.

A regata estava sendo dominada pelo *ABN1*. Os outros cinco barcos tiveram a chance de estar em segundo, mesmo que por breves minutos. Inclusive nós, logo antes da penalidade. Quando montamos a última bóia e apontamos a proa em direção à linha de chegada, eu sentia uma coisa estranha, uma mistura de frustração por estar ali na última posição e uma esperança de que o nosso momento de brilhar ainda estava por vir naquela derradeira perna de vento em popa.

Logo no começo da descida em direção à linha de chegada, vi que no lado oeste da baía havia mais vento. E apostei nossas fichas por ali. Se Deus é brasileiro, foi naquele momento que ele teve a oportunidade de soprar um pouco mais em nossas velas. Se houve isso, não sei. Mas o fato é que a poucos metros da chegada ultrapassamos o *Piratas*, e em cima da linha, conseguimos superar o *ABN2*, cruzando apenas três segundos na frente dos meninos. Ufa! Que alegria ter conseguido ganhar essas duas posições e pelo menos ter dado uma última e grande emoção para a torcida.

Passada a adrenalina, aproveitamos para navegar vagarosamente por todo o perímetro da raia e cumprimentar de perto o público, que lotava as incontáveis embarcações de todo tipo que cercavam as bóias de limite colocadas pela Marinha. Quando passamos perto da Escola Naval — um verdadeiro camarote gigante com milhares de torcedores — pudemos sentir novamente a energia boa que vinha da galera. No total, naquele dia, a organização calculou que havia mais de 70 mil pessoas assistindo à regata. Se pensarmos que a média de público do campeonato brasileiro de futebol naquele mesmo ano foi de 13 mil torcedores por jogo, dá para ter uma idéia do que isso representou para a vela brasileira.

Outro aspecto interessante foi a alegria da tripulação com aquele quarto lugar. Era a mesma colocação que havíamos obtido há semanas na chegada da quarta etapa, mas dessa vez estávamos atrás e conquistamos o quarto lugar aos 48 minutos do segundo tempo. Sem dúvida, uma visão completamente diferente de quando havíamos "perdido" e chegado em quarto no Rio.

Novamente a torcida não queria saber de posições, tabelas e tempos. Nós éramos tratados como os vencedores, em um reconhecimento do sucesso de nosso inédito projeto. Tão felizes quanto nós, apenas os ganhadores, no *ABN1*, e os segundos colocados, os espanhóis do *Movistar*, que chegaram muito atrasados no Rio depois da quase-tragédia no Horn e a parada em Ushuaia e obtiveram a excelente colocação. Eles só conseguiram terminar de montar o barco na véspera e comemoraram muito o resultado. Para o *Ericsson*, que chegou em terceiro, era um novo alento com a mudança de comandante, mas mesmo assim eles continuaram atrás de nós na tabela geral, em sexto lugar e com uma margem de pontos relativamente grande para galgar.

Depois do Rio, a regata voltaria para o Hemisfério Norte e iria para os seus momentos finais. Se algum time quisesse ainda ter um lugar ao sol, o momento da virada era aquele. O barco 1 da Holanda já mostrara que era o franco favorito ao título e, naquele momento, o barco 2 holandês, com os meninos amadores, recrutados em diversos países, estava em segundo lugar geral. *Piratas*, *Movistar* e *Brasil 1* estavam embolados na disputa pelo pódio e seria uma briga ferrenha dali para frente.

A nós só restava pegar aquela boa energia da torcida e do país e empregá-la da melhor forma possível. Nós havíamos jogado em casa e, infelizmente, não pudemos mostrar o nosso melhor "futebol". Mas a Copa do Mundo ainda não tinha acabado e nosso time estava confiante para as próximas partidas.

COM JEITO DE FIM DE CAMPEONATO

A alegria de ser brasileiro: Torben e cia. desfilam em Baltimore

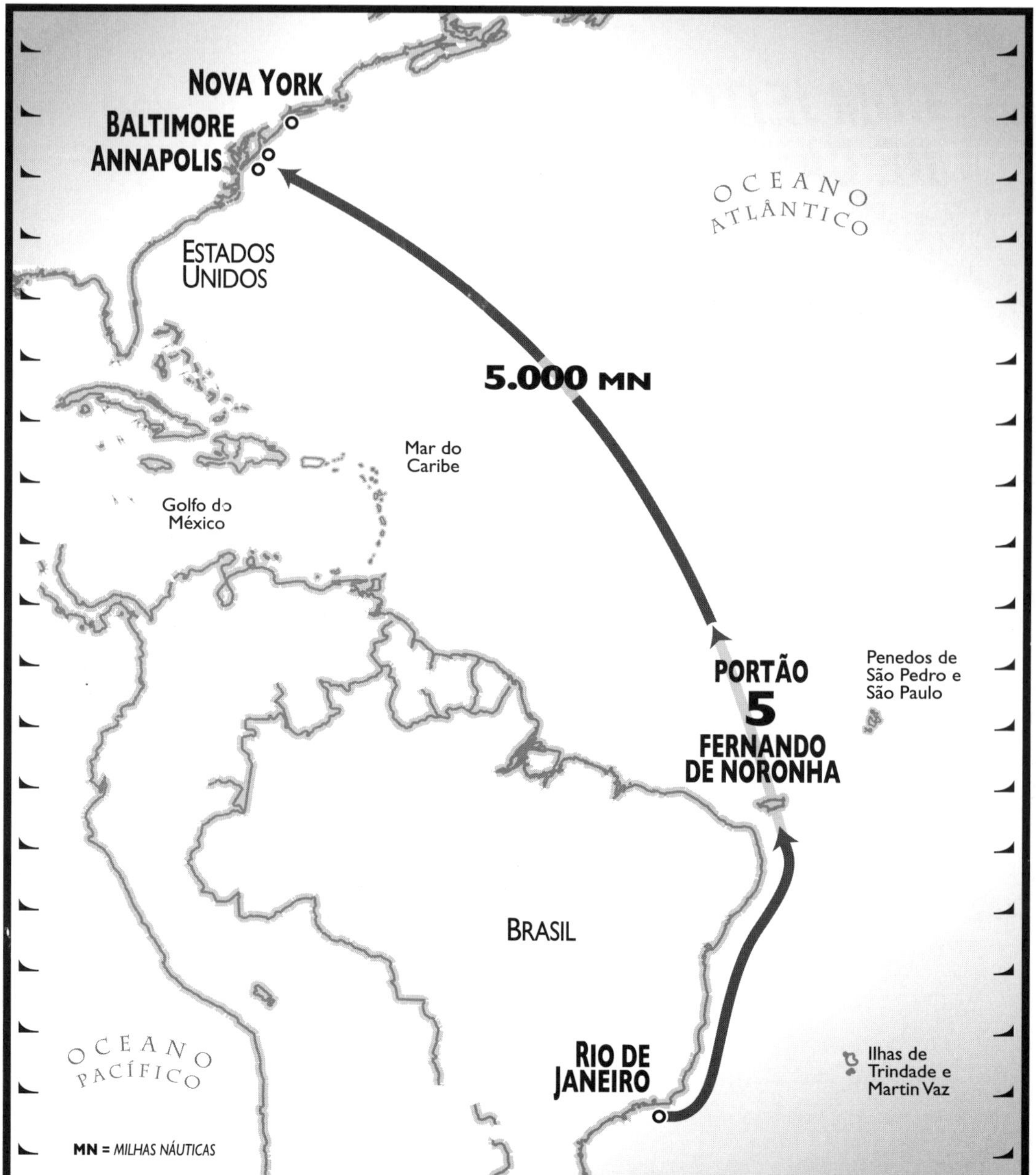

QUINTA PERNA: Rio de Janeiro – Baltimore

O RIO DE JANEIRO surpreendeu a todos na regata. Mesmo depois dos resultados, no mínimo, frustrantes que tivemos na chegada e na regata local, a torcida estava lá novamente. Em menor número — talvez "apenas" 40 mil pessoas —, mas com a animação de sempre. Era mais uma despedida do Brasil rumo à Europa, como no ano anterior, mas dessa vez com muito mais responsabilidade.

A organização, como de costume, colocou bóias que deveríamos montar antes de nos lançar ao mar aberto. A largada seria no contravento e, além de lidar com os obstáculos naturais da Baía de Guanabara e da orla da cidade, tínhamos que ir até uma bóia no Arpoador, ou seja, andar para trás, para só depois seguir no rumo correto. De lá, com o nariz virado para o leste, tínhamos que montar o Cabo Frio e, finalmente, seguir para Fernando de Noronha, novamente um portão de pontuação. E de Noronha rumar para a entrada da baía de Chesapeake, nos Estados Unidos, que abriga, lá no fundo, a cidade de Baltimore, nosso destino final.

Tudo isso, enfrentando mais uma vez as calmas equatoriais e passando em frente ao Caribe. Na primeira perna da regata, a passagem pelos *doldrums* havia sido complicada para nós. Não pela falta de vento, mas perdemos muito tempo e duas posições. Aquela travessia havia sido na direção norte-sul e dessa feita a coisa seria no rumo oposto. O Marcel era muito experiente e já havia velejado várias vezes por lá. Confiávamos nele.

O fato de a tripulação já ter experiência naquele trecho também ajudava. Quando fomos para Cascais treinar para a regata, em agosto de 2005, a viagem até Fernando de Noronha durou cinco dias. Naquela ocasião, o barco ainda não estava totalmente pronto. Não usamos o ângulo total da quilha nem exigimos o máximo do veleiro. Por isso, acreditávamos que dessa vez a viagem seria bem mais rápida. Isso tudo, fora o alento psicológico de navegar em frente à costa brasileira, quase ouvindo o barulho da torcida.

Outro fato positivo era o treinamento que a própria regata nos deu. Desde o começo da competição, o barco e a tripulação haviam evoluído muito. A cada minuto que velejávamos, aprendíamos alguma coisa. Desde quando largamos na Espanha estávamos em um processo de aprendizado contínuo — sempre aperfeiçoando o modo de velejar o barco, aprendendo como as velas se comportavam em determinado vento e até mesmo melhorando nossa postura tática em relação aos outros concorrentes. Isso era importante não só para o nosso destino na Volvo Ocean Race, mas para o nosso futuro como velejadores.

Nosso barco não tinha grandes problemas de manutenção. Lógico que sempre havia uma ou outra coisa para fazer, mas nada muito grave. O grande problema logístico na parada do Brasil havia sido a mudança de itinerário de um navio que trazia nossas velas, e as do time *ABN*, da Austrália. Isso nos obrigou a fretar um jatinho em consórcio com eles para resgatar as coisas no porto de Rio Grande, no Rio Grande do Sul. Um tripulante de terra foi no jato particular e voltou de avião comercial, já que o espaço no jatinho foi totalmente preenchido com nossos panos. Mas isso havia acontecido antes da regata local e àquela altura já estava tudo bem.

Fomos um dos primeiros times a ter o barco na água, pronto para zarpar em mais uma etapa da volta ao mundo. Do Rio até Baltimore seriam 5 mil milhas de muito calor e muita luta. Sabíamos que, a partir dali, as coisas começariam a se definir. E queríamos muito subir na tabela.

Às 13 horas do domingo, dia 31 de março de 2006, foi dada a largada no Rio de Janeiro. Novamente a baía estava lotada de barcos de espectadores e o trabalho da Marinha em limpar a área de largada foi, de novo, excepcional. A única coisa que eu esperava que fosse diferente da regata local, uma semana antes, acabou acontecendo de maneira até pior. Largamos mal!

Antes da largada, enquanto ainda passeávamos na raia, eu disse ao Chuny, que estava no timão:

— Vamos fazer o feijão-com-arroz. Só quero sair no meio do bolo. Não precisamos ganhar a largada. Depois, como conhecemos melhor a saída da baía, a gente tenta abrir um pouquinho.

Nada disso aconteceu. Ficamos embolados com o *ABN2* na pré-largada e, por uma infelicidade, o Chuny resolveu cambar para tentar se livrar. Um barco de 70 pés não muda de rumo assim tão rápido. E os VO70 ainda tinham a quilha, que precisava passar de um lado para o outro. Resultado: ficamos meio parados, acima da linha de largada. Não só queimamos a partida, como ainda demoramos um tempão para voltar para trás da linha e relargar. Quando o barco finalmente acelerou, éramos os últimos. Longe. E de novo!

Por sorte os braços de corrente da Guanabara são tortuosos e, logo na velejada até a boca da barra, a saída da baía, conseguimos nos reaproximar da flotilha. O *ABN1* sofreu um problema na vela de proa e acabou ficando muito atrás de nós. Quando entramos no mar alto em frente ao Pão de Açúcar, éramos os penúltimos, mas estávamos muito perto dos outros.

Foi aí que o excesso de empolgação dos torcedores causou um episódio constrangedor. Uma fragata da Marinha do Brasil, que acompanhava a largada com dezenas de pessoas, acelerou por dentro da ilha da Cotunduba e, além de fazer uma enorme sombra de vento, obrigou o *Brasil 1* a cambar, para evitar uma colisão. Na hora eu enlouqueci. Nunca fui propriamente um comandante calado. E na vela é comum gritar e reclamar com veemência com a tripulação. Depois, tudo se ajeita em terra. Mas, naquele momento, confesso que me excedi. Esquecendo que estava com os microfones da TV abertos a bordo, eu gritei impropérios a plenos pulmões. Mais tarde, escrevi um e-mail pedindo desculpas à Marinha e me retratando pelo mau comportamento.

Um dos grandes apoiadores do projeto *Brasil 1* havia sido a Marinha. Eles sempre nos deram força e chegaram até a nos emprestar equipamentos de alta tecnologia, como os binóculos de visão noturna que por todo o mundo nos ajudaram a compensar as falhas do radar. Sem falar na permissão para usarmos o galpão da Escola Naval para consertar nossas velas, e o verdadeiro show de organização e competência na coordenação do tráfego marítimo nos dias da regata local e da largada. Aquela explosão foi o fruto de meses de estresse acumulado e da frustração de não poder devolver à torcida, em forma de performance, tudo aquilo que recebemos.

Horas depois, quando me peguei pensando no que aconteceu, resolvi que aquilo serviria como um rito de passagem. Um marco. Dali em diante, eu me concentraria no barco, no bem-estar da tripulação e no bom astral. Nós sabíamos velejar. E bem. Se focássemos nisso, é óbvio que nosso rendimento melhoraria. Era importante deixar a pressão para trás. O quanto antes.

Logo depois de Cabo Frio, uma das "esquinas" do Brasil, onde o litoral deixa de ter uma configuração no sentido leste-oeste e vai mudando para norte-sul, começou a verdadeira batalha por posições, que durou até Fernando de Noronha, mil milhas distante. Em um verdadeiro campo minado de nuvens de chuva e buracos de vento, a flotilha conseguiu velejar por dias a fio com uma separação total de menos de 20 milhas. Algo incrível em uma regata *offshore*.

Ao longo da subida da costa brasileira, todos os barcos estiveram em algum momento na liderança e em último. O problema é que as nuvens de chuva atrapalham tudo no vento fraco. Se você as encontra pelo lado certo, o vento que elas geram se soma ao vento de fundo e o barco acelera, ultrapassando os concorrentes. Mas, ao contrário, se você vem pelo lado errado, o vento da nuvem anula o vento de fundo e o barco fica estacionado e, normalmente, com uma chuva torrencial em cima. A maneira de tentar evitar isso é monitorar as nuvens no radar, mas mesmo assim todos os navegadores se encontraram em más situações.

Todos tentavam adivinhar a posição das nuvens e as mudanças de posição eram inevitáveis. Só mais tarde, quando já navegávamos na altura do Nordeste brasileiro, é que o *Movistar* conseguiu pegar mais vento antes que os outros e se manter na frente até Fernando de Noronha. E quando a brisa firmou, o *ABN1*, que estava lá atrás no vento fraco, passou todo mundo e cruzou o portão de Noronha apenas um minuto e meio depois dos espanhóis. E instantes mais tarde retomaria o costumeiro lugar na liderança. O *ABN1* era o único barco de segunda geração na flotilha, e, sem desconsiderar a inegável competência de sua tripulação, para eles participar da regata era como correr na Fórmula 1 com um carro da temporada atual contra carros da temporada passada. Era praticamente impossível chegar nos caras.

Nós cruzamos o portão em quinto, nos calcanhares dos americanos no *Piratas* e dos suecos do *Ericsson*. E com uma boa margem sobre o *ABN2*. Isso nos mantinha em quinto lugar geral na regata e com aquele gosto amargo na boca. Detalhe curioso é que a falta de ventos fez com que nosso tempo do Rio a Noronha fosse bem maior que o do ano anterior, quando "cruzeirávamos". Demoramos uma semana para chegar lá.

Depois de Fernando de Noronha, o próximo desafio era vencer o Equador e suas calmas. Mas, paradoxalmente, os deuses equatoriais foram generosos e passamos a zona de convergência com relativa facilidade. Logo depois, já no Hemisfério Norte, recomeçaria um verdadeiro *match race*, em pleno oceano Atlântico. Nós e o *Piratas* velejamos no visual um do outro por horas a fio.

A briga entre o *Brasil 1*, os americanos e os suecos estava bonita. A tensão nos acompanhou por incontáveis milhas e, só quando estávamos passando em frente ao Caribe, já próximos das Bahamas, é que os americanos conseguiram nos ultrapassar. Logo depois, seria a vez dos suecos. Enquanto isso, lá na frente, o *ABN1* navegava tranqüilo para montar o cabo Hatteras imediatamente antes da entrada da baía de Chesapeake. O *Movistar* vinha boas milhas atrás, mas sem grandes ameaças.

Depois de sair do oceano aberto e adentrar a enorme baía, ainda era preciso navegar quase 140 milhas até Baltimore. E o pior, em ventos fracos e com uma forte correnteza de maré. Foi essa condição que o *ABN1* encontrou e, logo depois, o *Movistar*. Para nós, a luta encarniçada com os americanos e suecos continuava. O *Piratas* conseguiu abrir um pouquinho e entraram em Chesapeake primeiro. O *Brasil 1* e o *Ericsson*, no entanto, enfrentaram uma condição duríssima antes de entrar nas águas calmas de lá.

Uma tempestade de ventos enlouquecidos nos pegou ainda do lado de fora e, já navegando quase no "modo de sobrevivência", com ventos de 55 nós (100 km/h), tivemos a alegria de ultrapassar os suecos. Baía acima, nós e o *Ericsson* travamos uma disputa que fez a TV local transmiti-la com ares de final de campeonato.

Finalmente, depois de 15 dias de mar, cruzamos a linha de chegada em Baltimore, em quarto lugar. Somente 12 minutos depois, os suecos cruzaram e novamente entraram em crise. Os meninos no *ABN2* chegaram em sexto e obviamente lamentaram o fato de terem fechado a raia.

Para nós, novamente foi um bom quarto lugar, o terceiro seguido, e o segundo com uma ultrapassagem no final. Muito suado e muito comemorado. Ainda estávamos em quinto na tabela, com o *Movistar* na vice-liderança, apenas um ponto na frente do terceiro colocado, o *ABN2*. O *Piratas* estava meio pontinho atrás do segundo barco holandês e o *Brasil 1*, cinco pontos atrás dos americanos. Àquela altura, o *ABN1* já caminhava para garantir a vitória por antecipação.

Baltimore tinha a fama de ser uma das cidades náuticas mais tradicionais do mundo e, nas suas águas, em poucos dias seria disputada mais uma regata de porto. Nós esperávamos que o espírito dos velhos marinheiros nos guiasse e colocasse no caminho da recuperação. De qualquer forma, ficamos muito satisfeitos com o que nosso barco mostrou naquela etapa. Em algumas situações, estávamos do lado dos outros veleiros e éramos mais rápidos. Isso mostrava que tínhamos velocidade e que conseguir voltar ao topo era só uma questão de caprichar mais um pouco e ter melhor sorte. E contávamos com isso.

ATALHO PARA A LINHA DE CHEGADA

A Estátua da Liberdade observa a chegada do Brasil 1

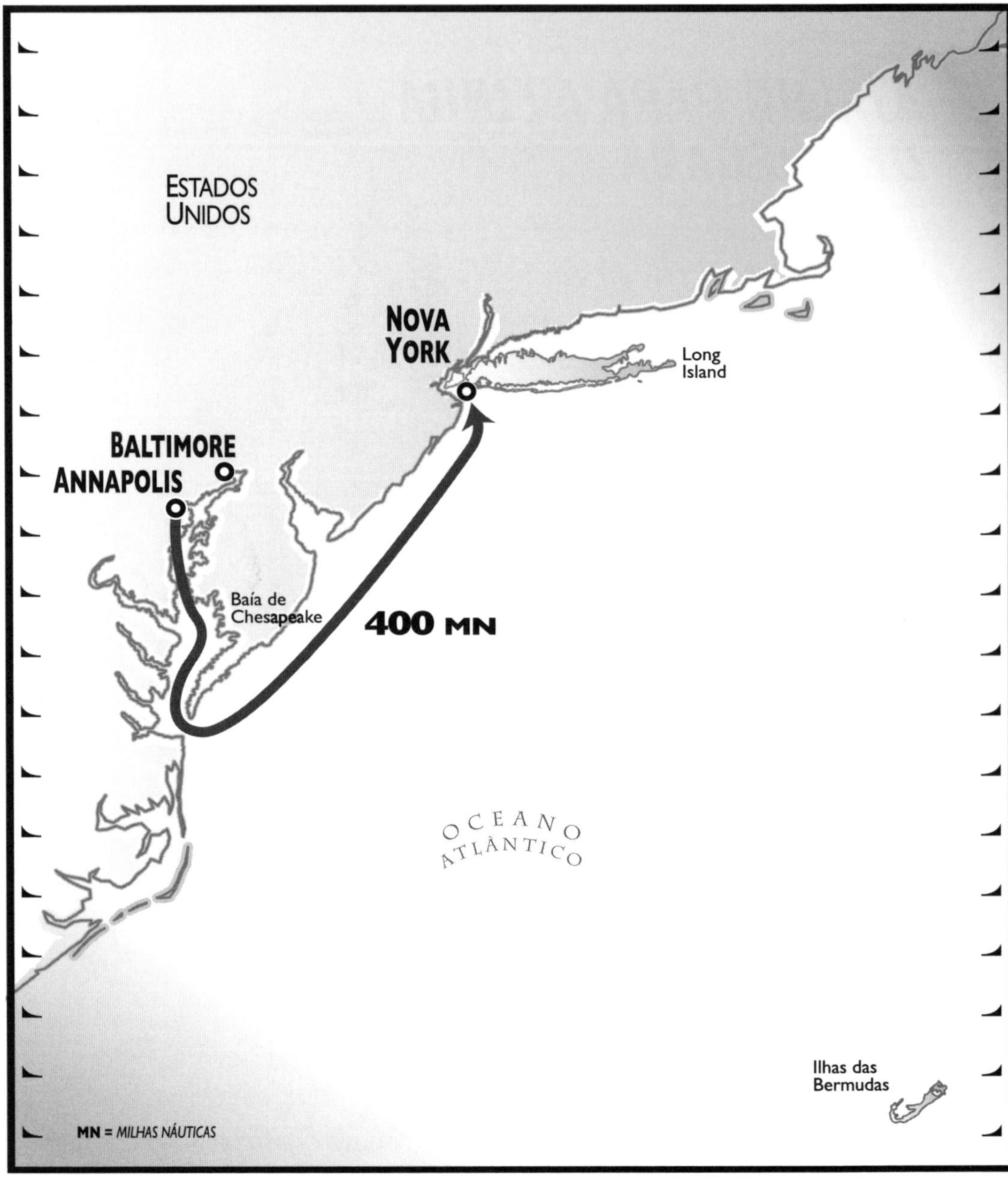

SEXTA PERNA: Annapolis – Nova York

NOSSA estada em Baltimore foi a melhor possível. A equipe de terra trabalhou com velocidade e o nosso barco foi um dos primeiros a terminar a revisão e voltar para a água. Isso nos possibilitou treinar com toda a tripulação na raia da próxima regata local.

Uma visita especial me deixou muito contente. Eram os meninos do Projeto Grael. Meu irmão mais velho, Axel, que cuidava do nosso projeto social em Niterói, tinha conseguido uma ajuda da organização Companheiros das Américas e o patrocínio de duas empresas para levar dez dos meninos carentes atendidos por nós para os Estados Unidos. Desde que Marcelo Ferreira, eu e meus irmãos Lars e Axel fundamos o primeiro núcleo do Projeto Grael, em 1998, mais de 5 mil crianças espalhadas por três cidades (Niterói-RJ, Maricá-RJ e Vitória-ES) haviam passado pelos cursos profissionalizantes e pelas atividades recreativas de vela e remo. Ver aqueles meninos, muitos deles oriundos da favela, circulando com desenvoltura no país mais rico do mundo era algo muito legal — um resultado simbólico que mostrava que investir no nosso povo sempre vale a pena.

A despeito de estarmos felizes com a recepção em Baltimore, com os vários amigos presentes e com o comportamento geral do barco, nossa posição na tabela nos incomodava. Naquele momento, o *ABN1* já se encaminhava para acumular pontos suficientes para não ser mais alcançado. A briga aberta era agora pelo segundo posto. Ou como bem colocou um amigo, "para ser o primeiro dos outros". Ser um barco de segunda geração, mais o tempo de treino e o dinheiro farto, fazia do barco 1 da Holanda um competidor imbatível. Sem falar, obviamente, na qualidade de sua tripulação.

Se quiséssemos algo mais da nossa primeira regata de volta ao mundo, o momento de começar a virada era aquele. Depois poderia ser tarde demais. A regata local seria corrida na baía de Chesapeake, com a raia em frente às cidades de Baltimore e Annapolis. Em Annapolis, onde ficava o escritório do projetista Bruce Farr, ele poderia assistir de camarote ao desempenho das suas "criaturas". E ele foi pé-quente. Para alegria de Farr, e nossa também, no final foram justamente os seus veleiros que se deram melhor.

Como já era esperado por nosso navegador, desde o início a regata foi marcada pelos ventos fracos, variando de 5 a 13 nós. A situação ficou tão complicada que os organizadores tiveram de alterar o percurso da prova e, mais tarde, diminuí-lo em duas pernas. Para as características do nosso barco era melhor que fosse no vento fraco mesmo, e sabíamos que aquela era uma oportunidade que não poderíamos desperdiçar.

A largada não foi brilhante, mas boa o suficiente para nos colocar com vento limpo no lado que queríamos. Dessa vez, resolvi mudar o padrão que vínhamos seguindo e eu mesmo assumi o timão na partida. O *Ericsson*, que aparentemente havia largado mal, resolveu cruzar toda a flotilha por trás e se mandar para a direita da raia em busca de melhores ventos. Deu certo. Os suecos montaram a primeira bóia na liderança com os espanhóis logo atrás. Depois vieram o *Piratas*, o *ABN2* e nós, com o virtual campeão, *ABN1*, distante da nossa popa e os australianos, recém-reintegrados à regata, em último.

O veleiro australiano, o *Brunel*, aliás, sofrera tantas modificações no período que passou sem navegar que a organização da prova considerou que o barco era um novo participante e caçou todos os pontos que a equipe tinha conquistado até então. E pelo começo do retorno deles, parecia que as mudanças não haviam surtido grandes efeitos. Uma pena.

Na primeira perna de vento em popa, os suecos novamente optaram pelo lado direito, e os americanos, loucos para fazer bonito em casa, os seguiram. Nós e o *Movistar* fomos pela esquerda, onde parecia haver mais vento. E realmente havia. Na montagem da segunda bóia, os espanhóis chegaram à frente e cruzaram na liderança com os outros três barcos da briga se aproximando muito. Em uma manobra de difícil execução, entramos pelo lado interno da bóia e ultrapassamos de uma só vez os suecos e os americanos, tirando o segundo lugar deles. Maravilha.

Com o encurtamento da regata e graças a uma velejada muito concentrada, sem dar qualquer oportunidade aos nossos oponentes, cruzamos a linha de chegada em segundo e garantimos mais alguns preciosos pontos na tabela.

O *Movistar* venceu e o *Piratas*, que tentou a todo custo nos ultrapassar, foi o terceiro. Com o *Ericsson* em quarto, os VO70 de projeto Farr tiveram 100% de aproveitamento. O *ABN2* chegou em quinto, o *ABN1* em sexto, e os australianos no usual último lugar.

Do ponto de vista da classificação geral, aquele pódio não mudava nossa posição. Seguíamos em quinto. Mas matematicamente fora importantíssimo, porque encostáramos nos líderes, e psicologicamente, foi melhor ainda, já que marcava aquele momento de virada de que tanto precisávamos. No dia seguinte, domingo, 30 de abril de 2006, a tripulação do *Brasil 1* festejou com um merecido churrasco. Já um clássico do lazer tupiniquim naquela volta ao mundo.

Para garantir que tivéssemos as condições para nos sair bem na próxima etapa, há tempos o Marcel já analisava as condições meteorológicas. O percurso até Nova York seria o mais curto de toda a Volvo Ocean Race, com apenas 400 milhas (740 km). Apesar de durar só dois dias, seria um dos mais complicados. O trecho era dividido em duas partes: primeiro, superar os ventos fracos da baía de Chesapeake, para então cair em mar aberto e enfrentar os ventos fortes da costa americana.

Além disso, a parada em Nova York era um *pit-stop*, como em Wellington, na Nova Zelândia. E pelas regras da regata, as equipes de terra não poderiam fazer qualquer manutenção durante os quatro dias em que os barcos estivessem por lá. Se os veleiros precisassem de ajustes, só a tripulação estava autorizada a trabalhar. Quem usasse ajuda externa teria que largar duas horas depois dos outros na sétima etapa.

No dia 4 de maio, uma parada náutica marcaria a despedida da Volvo Ocean Race de Baltimore. Os barcos iriam para Annapolis, de onde partiriam para a sexta perna até Nova York. De Baltimore a Annapolis, sede da armada americana e da famosa academia naval dos EUA, seriam apenas duas horas navegando sem compromisso em uma bela festa no mar.

Já na nova casa, terminamos de preparar o *Brasil 1* para as duas pernas que se seguiriam. Sabíamos que depois da viagem até Nova York, que, em termos de duração, equivaleria a uma simples Santos–Rio, haveria a travessia do Atlântico Norte. Uma rota clássica que poderia ser muito exigente e que, sequer imaginávamos então, seria até mesmo trágica.

Na festa de premiação da quinta etapa, o nosso proeiro, Andy Meiklejohn, recebeu o prêmio de bravura no mar. O neozelandês havia escalado o mastro durante uma forte tempestade para desenroscar uma vela com problemas. Achei o prêmio muito merecido. O que o Andy fez mostrou realmente destemor. E não foi a primeira vez. Ele subiu no mastro outras duas vezes em condições muito difíceis também. A primeira, indo para Portugal e, depois, na primeira etapa da volta ao mundo. Não é fácil subir no alto do mastro com o mar revolto. É preciso realmente muita coragem.

Para a sexta perna da regata, o *Brasil 1* contava com duas armas secretas. A principal era uma nova vela balão, fabricada na Nova Zelândia. Essa nova vela nos aproximaria muito dos nossos adversários em determinadas condições de vento. Nossa vela antiga não rendia tão bem e, com a nova, ficaríamos mais competitivos. A outra arma, sem dúvida, era o ânimo renovado. Depois de uma seqüência de contratempos, o *Brasil 1* finalmente voltara ao pódio nos Estados Unidos.

O nosso último triunfo havia sido em dezembro de 2005, na chegada da primeira perna, na África do Sul.

Embora o astral a bordo fosse sempre muito bom, esse resultado deu um gás não só nos velejadores, mas em toda a equipe. E o momento fora perfeito para isso. Um mau resultado em Baltimore teria prejudicado muito, nos deixando longe das primeiras posições na classificação geral.

No dia 7 de maio de 2006, as centenas de pessoas que visitaram o Ego Dock, no porto de Annapolis, testemunharam os novos ares que envolviam o *Brasil 1*. Com ventos em torno de 8 nós, fizemos uma ótima largada e passamos na primeira bóia, na baía de Chesapeake, e em primeiro lugar, seguidos do espanhol *Movistar* e do americano *Piratas*.

A cidade de Annapolis comprovou a sua fama de uma das capitais mundiais da vela e mais de 3.500 barcos acompanharam a largada. A previsão era de quarenta horas de prova e eu não pretendia deixar ninguém dormir. Em uma perna tão curta, precisaríamos estar atentos a toda hora e sabíamos que os barcos velejariam muito próximos. Por isso, não teríamos turnos normais. Isso significaria um grande desgaste, mas era mais que necessário se quiséssemos subir ainda mais na classificação.

A baía de Chesapeake era um grande desafio. Seriam cerca de 100 milhas (185 km) antes de chegar ao mar, com ventos normalmente fracos, muitos bancos de areia, corrente e linhas de pesca. Por isso mesmo, a perna seria muito tática. De muita ação e de decisões rápidas. Além disso, fora da baía, estavam previstos ventos fortes e muito frio, até Nova York.

Por boa parte da descida rumo à saída da baía nós lideramos a flotilha. O problema é que, por quatro vezes, atropelamos armadilhas de pescar caranguejo e toda aquela tralha ficava presa na nossa quilha. Os cabos e as bóias que as prendiam ficavam enroscados e tiravam nossa velocidade. André Fonseca, o Bochecha, teria que mergulhar para tirar tudo aquilo. O problema era escolher o momento ideal.

Quanto mais nos aproximávamos da barra da baía, o seu encontro com o mar aberto, mais o vento aumentava. Logo na saída, fica o famoso túnel de Chesapeake, uma obra curiosa, já que os carros vêm por uma ponte e, de repente, mergulham e somem no meio da água. Àquela altura, o *Piratas* liderava e nós estávamos em terceiro, arrastando as armadilhas de caranguejo.

Já fora de Chesapeake, o tempo virou completamente. Muita chuva e ventos enlouquecidos de mais de 40 nós testavam nossa bravura. Foi aí que Kiko Pellicano saiu, igual a uma flecha, de dentro do barco gritando:

— Fogo! Fogo! Fogo!

Quando olhamos para dentro da cabine, as labaredas eram enormes. Pensando se tratar de um superaquecimento do motor auxiliar, Horácio o desligou imediatamente. Mas nada de o fogo diminuir. Se fosse um incêndio em uma das anteparas — as paredes do veleiro —, poderíamos até perder o barco todo. Gastamos os três extintores de bordo tentando controlar as chamas e, com o pó químico e a fumaça de carbono altamente tóxica no ar, as coisas estavam se tornando dramáticas.

Quando começamos a jogar água e Horácio acabou tomando um choque, é que percebemos que o problema era elétrico. Para tristeza de Marcel, que fazia uma complicada programação de navegação no computador, ele desligou a chave geral e só aí as coisas começaram a voltar ao normal. O fogo havia sido causado pelo *blower* do aquecedor, um pequeno ventilador elétrico que soprava o ar quente para dentro da cabine.

A atmosfera dentro do barco ficou irrespirável. Ainda bem que, com a perna curta, a flotilha superparelha e as duras condições de vento, era necessário que todos estivessem lá fora mesmo. Menos o desafortunado navegador, claro. Marcel tinha que se virar para respirar dentro do *Brasil 1*. E ainda precisava refazer a navegação perdida.

Ele usava um programa sofisticadíssimo no computador de bordo e sempre sofria quando se desligava a "luz". Os meninos tinham mania de colocar as botas para secar dentro da caixa do motor auxiliar e por diversas vezes, ao longo da volta ao mundo, esbarraram na chave geral que ficava ali. Isso sempre levava nosso navegador a urros e palavras impublicáveis. Ainda bem que, mesmo com todo o trabalho de reprogramar o software, Marcel sempre estava pronto para indicar o melhor caminho.

Foi na chegada a Nova York, depois que Bochecha finalmente mergulhou e nos livrou do lixo que carregávamos e nos atrasava, que nosso navegador percebeu uma coisa:

— Torben, acho que descobri uma maneira de cortar caminho.

— Como assim?

— É que podemos passar por dentro de algumas bóias na entrada do Hudson.

— Ninguém é bobo, cara. Se podemos fazer isso, os outros poderão também.

— É que não é assim tão evidente e envolve um certo risco.

— Opa, tô dentro!

A idéia do Marcel era ousada. Bem na entrada do rio Hudson, existem alguns baixios que representam um perigo para barcos com quilhas a 4,5 metros de profundidade, como os VO70. Só que, com a maré alta, a quilha suspensa para o lado e o barco adernado, poderíamos navegar por cima destes baixios e obter alguma vantagem. Antes, porém, era preciso despistar os nossos oponentes. E foi o que fizemos, para surpresa de todos.

Na madrugada do dia 9 de maio, o *ABN1*, novamente velejando com sobras no vento forte, venceu mais uma perna da regata. O *Piratas* conseguiu cruzar a linha duas horas e quarenta minutos depois. Nós cruzamos apenas nove minutos atrás dos americanos, os únicos que se salvaram na nossa investida final. Três minutos depois do *Brasil 1*, veio o *Ericsson*, e, um minuto na esteira deles, o *Movistar*. Nosso golpe de mestre tinha funcionado e ganhamos duas posições nas últimas milhas da regata, antes de fazer um verdadeiro *match race* rumo à linha de chegada. Muito bom!

Os australianos chegaram em sexto e o *ABN2*, em último. Com nosso segundo pódio consecutivo, ganhamos uma posição na tabela e estávamos em quarto, empatados com o barco 2 da Holanda. Foi uma etapa muito dura, com um final que vai ficar marcado na minha memória: o *Brasil 1* velejando em frente à Estátua da Liberdade. Simplesmente inesquecível.

TRAGÉDIA

Comoção em Portsmouth: velejadores esperam a chegada do ABN2

SÉTIMA PERNA: Nova York – Portsmouth

QUANDO atracamos o barco no píer ao sul de Manhattan, a tripulação do *Brasil 1* estava exausta. De toda a volta ao mundo, aqueles dois dias de Annapolis até ali haviam sido os mais duros fisicamente. Ninguém havia conseguido dar mais do que um cochilo e estávamos acabados. Como bônus, ainda tinha a regra que impedia o time de terra de fornecer qualquer ajuda no barco. Ou seja, enquanto os nossos amigos do time de terra bebiam cerveja, nós tínhamos que limpar o verdadeiro pandemônio que virou a cabine do *Brasil 1* depois do incêndio. Pelo menos isso foi feito depois de uma boa dormida no hotel.

Sorte diferente tiveram os espanhóis, que novamente, em um *pit-stop*, usaram o time de terra e iriam largar com duas horas de atraso como penalidade. Eles tiveram problemas e o conserto era muito técnico para ser realizado por qualquer velejador. Se eles soubessem o que iria acontecer depois, nem se importariam com algo tão prosaico.

Os tripulantes do *Brasil 1* estavam confiantes para a sétima perna da regata, que saía de Nova York e chegaria a Portsmouth, no sul da Inglaterra. Os dois bons resultados seguidos deram outro ânimo ao time. Principalmente, porque subimos também na classificação geral. Passamos um tempão na quinta colocação, e era sensacional ver que estávamos nos recuperando.

Um dos motivos para essa recuperação era o entrosamento da equipe. Finalmente, estávamos acertando as decisões e velejando bem, sem erros. Sempre confiamos no barco e tínhamos certeza de que ele era rápido, mas não estávamos velejando à altura de sua velocidade.

A sétima etapa teria 3.200 milhas náuticas (aproximadamente 5.900 km), atravessaria o Atlântico Norte e deveria durar oito dias. O objetivo da organização era que algum VO70 pudesse quebrar o famoso recorde transatlântico, entre o Farol de Ambrose, na saída de Nova York, e a ilha Lizard, na costa inglesa. A meteorologia, porém, não parecia muito favorável. Pela previsão de Marcel, os dois primeiros dias seriam tão difíceis quanto a chegada a Nova York. Assim que saíssemos, iríamos enfrentar um contravento forte — uma das condições que mais castigam os velejadores e o barco.

No caminho até a Inglaterra, nós teríamos pela frente o último portão de pontuação da regata, na ilha Lizard. Na verdade, iríamos velejar 90% da perna antes desse portão. A distância entre ele e a chegada era pequena e seria muito difícil as posições se alterarem depois. Era praticamente um bônus.

Com o tempo fechado e ventos em torno de 10 nós, os veleiros largaram no dia 11 de maio de 2006 para a sétima perna da Volvo Ocean Race. O *Piratas* saiu na frente, para a alegria dos seus fãs que acompanharam a largada na baía do rio Hudson, em Manhattan. O *Brunel*, da Austrália, com comandante novo, surpreendeu ao sair em segundo lugar, à frente do *Ericsson* e de nós. Os irmãos *ABN* ficaram bem para trás, mostrando, mais uma vez, que não andavam bem nos ventos fracos.

Nossa largada, se não foi maravilhosa, também não foi ruim, e logo assumimos uma boa posição na flotilha. A saída foi difícil, dividindo o estreito canal do rio Hudson com os outros veleiros e até um navio. Tudo com direito a trocas freqüentes de velas e risco de encalhar nos bancos de areia. Felizmente, nossas manobras foram muito boas, o que nos valeu algumas colocações.

Só para variar, logo depois de Nova York começou um contravento infernal com muitas ondas. O *Brasil 1* não parava de bater, tornando qualquer tarefa a bordo muito difícil, de dormir a comer, passando por escrever, é claro. Na manhã seguinte à partida, aconteceu uma das cenas mais bonitas de toda a regata. Uma baleia enorme apareceu na nossa frente, a menos de 50 metros do barco, e mergulhou em seguida, deixando aquela cauda enorme para fora, como nas fotos. Infelizmente, o Bochecha, que saiu correndo para registrar a cena, não conseguiu tirar a foto a tempo.

Nos primeiros dias pegamos também muito nevoeiro, a ponto de mal dar para ver qualquer coisa logo além da proa do barco. Perto da ilha da Nova Escócia, mais uma vez tivemos problemas com armadilhas de pesca. Duas ficaram presas na bolina e acabamos conseguindo cortá-las. Uma terceira prendeu na quilha e, por incrível que pareça, depois de o cabo esticar, ela fez o *Brasil 1* dar marcha a ré. Com ventos de 26 nós! Por sorte, depois da ré involuntária, ela acabou se soltando sozinha e conseguimos ir embora antes da chegada do barco de pesca, dono da rede, que também não deve ter gostado nada do incidente. Era raro que encontrássemos barcos menores e ter que fugir de um seria, no mínimo, inusitado.

A água, sempre muito fria, chegou a 3,5 graus. Mesmo com toda a roupa que tínhamos, depois de duas horas no leme, eu ficava congelado. Nessa altura já usávamos todas as bases de flanela, luvas, meias, balaclava, óculos de esqui e até o capacete que nos deixava com ares de astronautas. Mas nada adiantava. Sempre nos sentíamos dentro de um freezer.

A flotilha continuava toda muito próxima. Chegamos até a liderar a etapa, três dias após a largada, mas acabamos nos estabilizando em terceiro. Depois dos primeiros dias de contravento e ondas grandes, as coisas ficaram relativamente calmas e aí foi a vez de o vento fraco afastar de qualquer veleiro da Volvo Ocean Race a possibilidade de quebrar o recorde do Atlântico Norte.

Era a madrugada do dia 18 de maio de 2006 e nós estávamos a pouco mais de 1.400 milhas de nosso destino. O vento soprava de sudoeste a generosos 23 nós e nosso veleiro desenvolvia velocidade igual. O mar estava grande e ia ficando maior a cada onda que passava, refletindo o aumento súbito do vento. Nesse cenário, que já deixava todos no barco apreensivos, um grito de Marcel cortou o ar:

— Um tripulante do *ABN2* caiu no mar!

O segundo barco holandês era aquele que tinha jovens do mundo inteiro e cujo proeiro era justamente o nosso amigo brasileiro, Lucas Brun. Meu coração gelou. Luquinhas, como proeiro, era exatamente o tripulante mais suscetível a esse tipo de acidente. Àquela altura, não sabíamos ainda quem havia caído e rezei para que não fosse ele.

Minutos depois do primeiro aviso, Marcel recebeu um comunicado que pedia para que retornássemos por sermos o barco mais próximo do *ABN2* — eles estavam em quinto, 40 milhas atrás de nós. Imediatamente, dei a ordem a todos os tripulantes do *Brasil 1*. Ainda atordoados com a notícia e já suficientemente preocupados com nossa própria segurança, começaram a manobrar o barco para voltar e ajudar no resgate.

Sabíamos que com a água do mar tão fria, o tempo de sobrevivência de um ser humano é de, no máximo, vinte minutos. A hipotermia é uma ameaça seríssima para quem navega em altas latitudes e iria cobrar seu preço antes que pudéssemos chegar. Na melhor das hipóteses, levaríamos duas horas para alcançar a posição passada pela organização. Achar alguém flutuando no meio das ondas e da noite escura, então, seria outro desafio.

Para quem não é do mar, sempre parece fácil resgatar uma pessoa, ou algo, que permaneça boiando na superfície. Mas aqueles que vivem embarcados sabem que isso é tarefa dificílima. A falta de referência, as ondas, por menores que sejam, e a vastidão das águas são um verdadeiro buraco negro. Tanto é assim que sempre usamos, com mar bravio ou tranqüilo, os nossos cintos de segurança, presos nos cabos que passam por todo o barco e se chamam, justamente, linhas da vida.

Mesmo sabendo das dificuldades, nutríamos aquela esperança quase cega que nos move em meio às tragédias. Uma hora depois, recebemos outra comunicação, que dizia que podíamos voltar a velejar para Portsmouth, pois o corpo do tripulante holandês Hans Horrevoets, de 32 anos, justamente um dos instrutores do time amador holandês, havia sido resgatado.

Foi uma notícia devastadora. Parecia que aquilo não estava acontecendo. A certeza da morte de Hans, de que uma tragédia havia atingido um membro de nossa irmandade, produziu um efeito imediato na nossa tripulação. Sem muitas palavras, quase automaticamente, tiramos o balão que nos impulsionava a altas velocidades e navegamos longas horas com o barco mais controlado. Em absoluto silêncio.

Só na manhã seguinte nós e o mundo ficamos sabendo o que havia acontecido naquela madrugada negra no *ABN2*. O aumento do vento havia provocado uma troca de vela no barco holandês, assim como no nosso. Feita a manobra, que sempre conta com todos os tripulantes no convés, Hans ficou no *cockpit* regulando a nova vela. Enquanto isso, parte da tripulação desceu para colocar as roupas adequadas e voltar para render os companheiros que estavam fora de turno.

Foi justamente nesses dois ou três minutos que permaneceu no convés, sem o cinto de segurança, que uma enorme onda varreu o barco e levou Horrevoets para o mar. O timoneiro deu logo o alarme e o navegador marcou no GPS a posição de homem ao mar. Com todos os velejadores atônitos, o comandante desceu as velas, ligou o motor, fez meia-volta e começou a procurar seu companheiro.

Bóias de localização e resgate foram lançadas e, milagrosamente, depois de quarenta minutos de buscas, eles conseguiram recolher o corpo de Hans. O tripulante médico e os outros que tinham treinamento iniciaram os trabalhos de ressuscitamento com o aparelho elétrico que havia a bordo. Vinte minutos depois, sem nenhuma resposta de Hans, eles pararam e ele foi declarado oficialmente morto. Não preciso dizer que aquela noite jamais sairá das mentes daqueles jovens e bravos velejadores, que foram obrigados a retirar um dos seus mestres de dentro do mar.

O que se seguiu foi uma comoção no mundo da vela. A regata de volta ao mundo já havia tirado a vida de cinco velejadores ao longo de sua história, mas desde 1990 não havia um acidente fatal. Aquela novidade, em um tempo em que a tecnologia nos dava a falsa ilusão de segurança, lembrou a todos o quão perigoso era velejar no meio dos oceanos. Mesmo em pleno século XXI.

Não bastasse a enorme dimensão emocional que o acidente com Hans havia tomado para todos os velejadores da Volvo Ocean Race, o momento marcou também, coincidentemente, uma mudança naquela etapa. Dali para frente o vento aumentou muito e o mar foi se tornando cada vez mais grosso. Parecia que alguém lá em cima queria testar nossas forças. E, só de pensar naqueles jovens velejando com o corpo de seu companheiro em um saco preto dentro da cabine, eu sentia arrepios. E a cota de tragédias da sétima etapa ainda não estava completa.

Apenas dois dias depois da morte de Horrevoets, o comandante do *Movistar* comunicou que o veleiro estava fazendo muita água pela quilha e pediu que justamente o *ABN2*, o barco mais próximo, os escoltasse até a segurança da terra. E isso foi feito. No entanto, no dia 21 de maio, foi dada novamente a ordem que ninguém quer ouvir: "Abandonar barco!" Aproveitando o olho do sistema meteorológico de baixa pressão que estava passando exatamente em cima deles e que deixava tudo mais tranqüilo, a tripulação do *Movistar* inflou as balsas de sobrevivência, pegou suas coisas e se transferiu para o *ABN2*.

Os espanhóis deixaram o gerador funcionando e o Satcom C, que transmite a posição do barco por satélite, ligado para poderem rastrear a posição do barco fantasma e até mesmo saberem quando e onde ele afundaria. O abandono foi motivado pelo recorrente problema na quilha que os tirou da primeira etapa e quase os afundou no cabo Horn. O suporte da quilha se afastou do casco e a tripulação fez de tudo para segurar a peça, de mais de 7 toneladas, com os cabos disponíveis a bordo. Mas o barco fazia cada vez mais água e a previsão era de ventos de até 50 nós na aproximação da costa inglesa. O comandante ordenou, sabiamente, o abandono. Todos foram para o *ABN2*, que ainda carregava o corpo de Hans Horrevoets.

Um navio da marinha inglesa pretendia se aproximar algumas horas depois para recolher a tripulação de náufragos e o velejador morto. Uma situação sem paralelo na história da regata.

Nós também tivemos nosso pequeno susto. Velejando com ventos de mais de 30 nós, o pau de *spinnaker*, o tubo que sustenta a vela balão, se partiu. Andy Meiklejohn e Stuart Wilson foram à proa para sanar o problema. Nesse momento, o barco mergulhou em uma onda e os dois foram varridos pela água. O pedaço do tubo solto voou da proa do barco, em direção à popa, a toda velocidade. Eu só vi aquela ponta aguda de engate no mastro passar a poucos centímetros do rosto do Horácio. Em milésimos de segundo, imaginei o pior: aquela estrutura batendo em mim, que estava logo atrás, no leme. Larguei o timão e saltei para o lado para me salvar. Por sorte, o pau ficou preso entre a roda de leme e o pedestal das catracas. Suei frio.

Enquanto isso, o *ABN1* e o *Ericsson* chegavam a Portsmouth e o *Piratas* vinha logo atrás. Com mais um primeiro lugar, no portão de pontuação e na etapa, o *ABN1* garantiu o título da Volvo Ocean Race por antecipação. O *Brasil 1* passou no portão de pontuação de Lizard em quarto e foi também o quarto barco a chegar à terra. O *Brunel* seria o quinto e o *ABN2*, mesmo com tudo o que acontecera, havia decidido continuar competindo e chegou em sexto. O *Movistar*, obviamente, jamais chegaria e estava fora da competição.

A organização da regata concedeu 1,5 ponto de bonificação para o *Brasil 1* e o *Piratas*, em virtude da participação dos dois barcos na tentativa de resgate de Hans Horrevoets. Com isso, assumimos a terceira colocação isolada da competição, com 49,5 pontos. Atrás do campeão, *ABN1* com 81, e do *Piratas*, com 56,5 pontos.

Aquela foi, sem sombra de dúvida, a perna mais difícil de toda a competição. E talvez a velejada mais dura da minha vida. Principalmente em termos psicológicos. Não dava para passar imune ao acidente com os holandeses, aos nossos próprios problemas e, no finalzinho, ao naufrágio dos espanhóis. Por tudo isso, o maior prêmio que poderíamos receber naquele momento não dizia respeito à disputa. Era apenas estar em terra novamente. A salvo!

UM OLHO NO OCEANO E O OUTRO NA SELEÇÃO

Na estréia do Brasil na Copa, tripulantes e amigos torcem em Roterdã

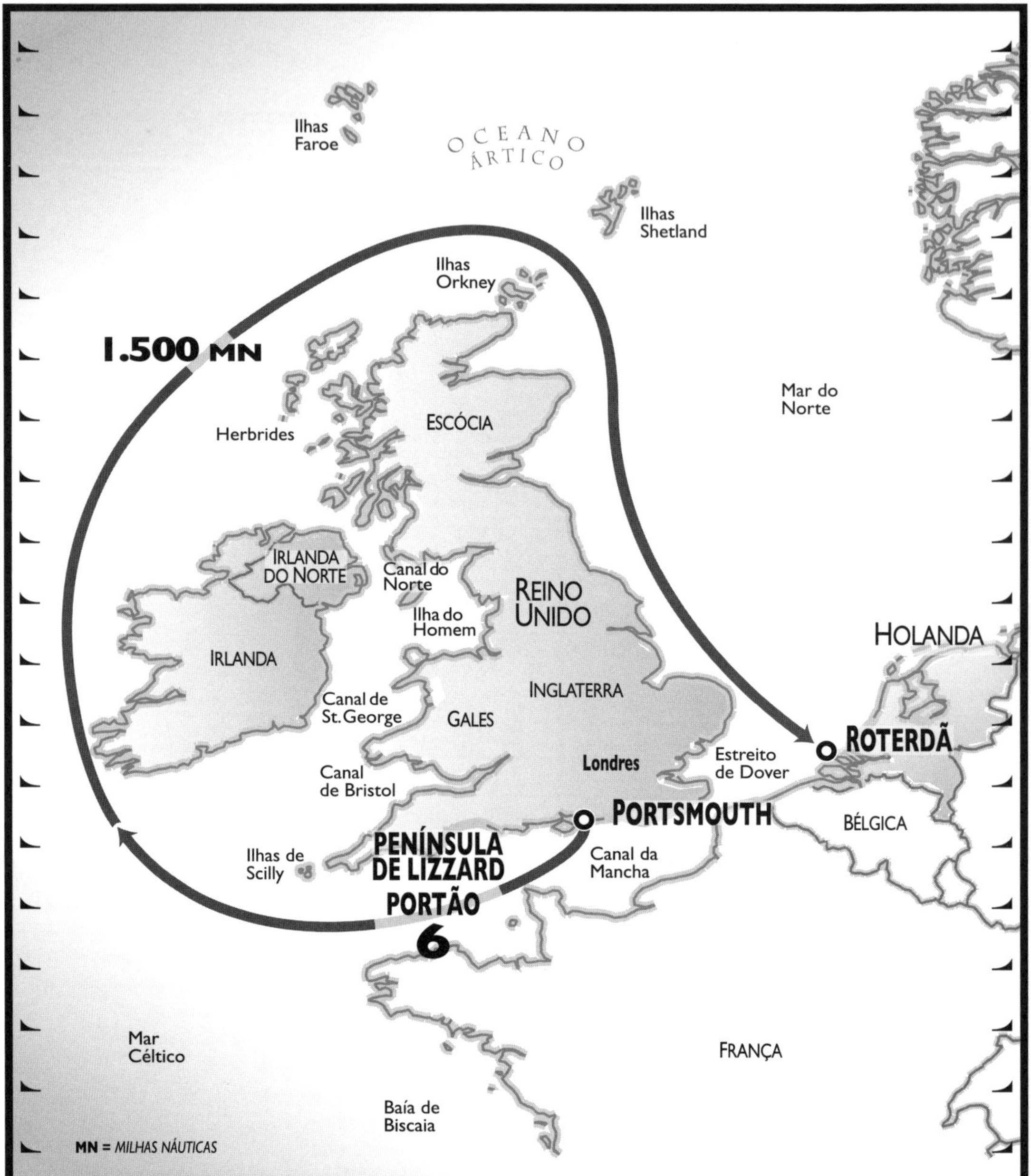

OITAVA PERNA: Portsmouth – Roterdã

A CHEGADA a Portsmouth foi a mais emocionante de todas. Não só os velejadores, mas todos os profissionais envolvidos com a regata, nossa família e o público em geral estavam comovidos com a morte do velejador holandês e o afundamento dos espanhóis. Cada barco que encostava em Gunwharf Quays repetia o mesmo ritual de silêncio, abraços e choro dos mais saudosos.

Aquela sétima etapa, com as suas tragédias, nos mostrara que o mar ainda era um ambiente incontrolável que merecia todo respeito e cautela. A perda de uma vida é sempre chocante e cada tripulante que pisava no píer de Portsmouth a salvo nos relembrava Hans e nos fazia pensar que aquilo poderia ter acontecido com qualquer um de nós.

A despeito de ser a tripulação mais jovem e menos experiente, os velejadores do *ABN2* mostraram maturidade e serenidade. Junto ao seu comandante e ao coordenador técnico da equipe, decidiram continuar na competição e se explicaram de maneira simples e verdadeira. "Hans Horrevoets era um navegador. Se acontecesse o mesmo com qualquer um de nós, ele certamente desejaria continuar navegando. E é isso que faremos em homenagem a ele", disseram.

Com a regata voltando para a Europa depois de seis meses, a sensação de nostalgia já começava a acometer alguns de nós. Sabíamos que depois da Inglaterra só haveria mais uma parada, na Holanda, e, depois de lá, o fim, na Suécia. Claro que a posição que ocupávamos já nos deixava satisfeitos e coroava a nossa recuperação. Mas, com mais duas regatas de porto e uma etapa oceânica no meio do caminho, ainda havia espaço para subir ou cair na tabela. Não dava mais para ser o campeão, lugar que o *ABN1* já ocupava, mas, mesmo assim, queríamos caprichar ainda mais e, se desse tudo certo, garantir o pódio na Suécia.

Os dias no sul da Inglaterra estavam frios e chuvosos, mas era bom estar ali. Para a comunidade da regata de volta ao mundo, aquele lugar significava um retorno. Pois foi naquele mesmo porto que surgiu a idéia de fazer a competição. E foi ali também, em 1973, que a primeira regata largou e chegou. Aliás, as águas do Solent, como é conhecido o pedaço de mar que fica entre o continente — na verdade a ilha inglesa — e a ilha de Wight, são o berço do iatismo como esporte.

A competição esportiva mais antiga do mundo, a America's Cup, foi corrida pela primeira vez em 1851 naquele lugar, mas, mesmo antes disso, já aconteciam regatas por ali. Na ocasião, um desafio entre 14 barcos ingleses e apenas uma escuna americana terminou com a vitória da ex-colônia e deu origem à disputa que perdura até hoje, e é o troféu mais importante da vela mundial. Ali também, na cidade de Cowes, que fica na ilha de Wight, é disputada a semana de vela mais tradicional do planeta e a mais antiga, com quase duzentos anos.

Para nós, frutos deste desenvolvimento esportivo de mais de dois séculos, era legal estar presente naquele mesmo ponto geográfico com nossas naus modernas de altíssima tecnologia. E como Portsmouth é também a sede da real armada inglesa, a história náutica impregna o lugar. É ali que está o famoso navio a vela *Victory*, comandado pelo legendário almirante Nelson, na famosa batalha de Trafalgar, no século XIX. Eu pude visitá-lo com Andrea, minha mulher, e ficamos fascinados com o seu estado de conservação e a quantidade enorme de aparelhos, cabos e sistemas que eram necessários para manobrá-lo.

O *Brasil 1* não precisou de reparos de emergência nos dias de descanso na Inglaterra. No entanto, depois de ver nossos amigos do *Movistar* perderem o barco por causa de problemas na quilha basculante, decidimos que faríamos uma revisão geral em todo o sistema, em um enorme galpão que alugamos na cidade vizinha de Gosport, do outro lado do canal de Portsmouth. As velas, que sofreram muito durante a travessia, principalmente o balão e a vela principal, também necessitavam de cuidados especiais. E novamente Stu Wilson se responsabilizou pela tarefa em terra, mesmo já tendo trabalhado muito nas condições duríssimas do mar, quando uma vela rasgou dois dias antes da chegada.

Na segunda-feira, dia 29 de maio de 2006, um feriado nacional na Inglaterra, seria disputada em Portsmouth a penúltima regata local da Volvo Ocean Race 2006. Para nós, seria mais uma chance de somar alguns pontos na tabela e talvez até de buscar um título informal: o de campeão das regatas locais. Com apenas mais uma prova do gênero, marcada para a Holanda, o nosso barco estava entre os líderes da classificação informal das *in-port races*. Nós tínhamos 11,5 pontos totais em regatas de porto e estávamos em terceiro lugar, apenas a um ponto do *ABN1*, segundo colocado, e a 2,5 do *Movistar*, que, obviamente, não competiria mais. Isso não valia oficialmente nada, mas era divertido fazer a conta e sempre dava uma motivação a mais.

No dia anterior à prova local, treinamos na raia da regata e pudemos comprovar que essa seria uma das mais duras de toda a competição. As coisas ali são sempre inconstantes. A regata local ia ser disputada próxima ao canal do Solent. Pelo menos o Marcel era um especialista na região. Como me disse ele, brincando:

— Infelizmente, passei a maior parte da minha carreira velejando no Solent.

Ele fazia a galhofa porque o lugar é conhecido pelas fortes correntes de maré, que tornam as regatas sempre muito complicadas. Sem contar o famoso *english weather*, o mau tempo tipicamente inglês. Ainda no bom humor, Marcel previu:

— Amanhã teremos ventos de 15 nós, talvez até menos, mas será um belo dia. Para padrões ingleses, claro.

O feriado foi muito bom para nós e o *Brasil 1* conquistou o seu quinto pódio na Volvo Ocean Race. Fizemos uma boa largada, mas preferimos uma estratégia conservadora. Já o *Piratas* arriscou e deu certo. Na verdade, fizemos a prova toda em função do *ABN2* e do *Ericsson*, que eram os nossos concorrentes diretos pelo terceiro lugar geral na Volvo Ocean Race.

A regata foi uma das mais difíceis de toda a volta ao mundo. Com a raia montada mais para o sul, já depois do canal de Solent, os barcos enfrentaram condições que mudavam a cada perna. Em um momento, por exemplo, estávamos em menos de 10 nós de vento e com céu aberto, para, na próxima bóia, encontrar chuva forte e rajadas de 25 nós.

Quem soube aproveitar melhor essas variantes foi o *Piratas*. Eles escolheram o lado esquerdo da raia, enquanto o restante da flotilha ficou na direita. Com isso, levaram uma enorme vantagem. Eles montaram a primeira bóia na ponta, na frente do *ABN1* e do *Brasil 1*, e se mantiveram bem até quase o final.

A nossa única esperança de ultrapassagem veio no meio da prova. Antes de uma bóia, passamos por uma nuvem que aumentou a velocidade do vento e ainda mudou a sua direção. Com isso, todos tiveram que dar um jaibe rápido e trocar o balão para a aproximação. Nessa manobra, os americanos rasgaram a vela que iriam usar e começamos a nos aproximar. Foi uma pena que o vento tenha continuado rondando e nos obrigado a subir outra vela, a genoa. Não conseguimos nos aproximar mais.

A regata serviu para mostrar mais uma vez a superioridade do campeão *ABN1* em relação aos outros veleiros. A velocidade do barco holandês era tão superior que ficava difícil pensar em vencer quando eles estavam na briga. Era como se fossem de uma classe completamente diferente em termos de velocidade. Mesmo a excelente tática dos americanos não foi suficiente para impedi-los de triunfar novamente.

Nós até que fizemos uma boa regata e acertamos todas as manobras. A única diferença foi mesmo a largada. Como fomos conservadores e velejamos para ficar entre os três primeiros na tabela geral, deixamos o *Piratas* escapar. Infelizmente, depois da regata local em Portsmouth, haveria apenas mais três chances de pontuar, e, com um barco a menos na flotilha, seria muito difícil tirar dos americanos o vice-campeonato.

Terminamos a regata de Portsmouth mesmo em terceiro lugar, atrás do campeão antecipado *ABN1* e do *Piratas*. Com o resultado, consolidamos o terceiro lugar na classificação geral, com 52 pontos. Sete pontos e meio atrás do segundo colocado e três pontos e meio na frente do quarto, o *ABN2*, que assim como o *Brasil 1* e o *Piratas*, que foram "reembolsados" por participar da tentativa de resgate de Hans Horrevoets, também ganhou 1,5 ponto de bônus por ter salvo a tripulação do *Movistar* antes do naufrágio deles.

No nosso desafio informal, a busca pelo título de melhor barco nas regatas locais, acabamos até subindo para a vice-liderança. Com a vitória na *in-port race* da Inglaterra, o *ABN1* somava 16 pontos nas regatas de porto, contra 14 do *Brasil 1* e 13,5 do *Piratas*. E nossa última chance de ultrapassar os holandeses seria justamente em sua costa, na última regata local, no dia 10 de junho, em Roterdã.

Nossa comemoração pelo terceiro lugar na regata de porto durou pouco. Assim que voltamos para o píer, começamos os planos para o próximo embate: a oitava e penúltima etapa, entre Inglaterra e Holanda, que largaria em quatro dias. Se fosse feito de forma direta, o percurso teria 180 milhas náuticas e menos de um dia de duração. A organização, porém, estabeleceu que os veleiros deveriam dar a volta na ilha da Grã-Bretanha antes de se dirigirem para a Holanda. Com isso, as 180 milhas se multiplicariam e enfrentaríamos cerca de 1.500 milhas (2.700 km). Nos mares do sul, os VO70 percorreram distâncias parecidas em pouco mais de três dias. Dessa vez, porém, deveria ser bem mais demorado.

Havia quem falasse em uma semana ou até mesmo dez dias de velejada no contorno das ilhas britânicas. O motivo para tanta apreensão eram as variações climáticas da região e a previsão de ventos fracos. Tivemos uma amostra disso durante a regata local. Nas três horas de prova, encontramos ventos fortes e fracos, sol e chuva, céu aberto e fechado, tudo em um percurso de apenas 2 milhas. Imagine em uma jornada tão longa! Seria preciso estar muito concentrado.

A largada da oitava etapa seria na sexta-feira, dia 2 de junho de 2006. Ainda bem que até lá não havia muito a fazer de manutenção em nosso veleiro. A organização me parecia bastante otimista e falava em cinco dias de velejada, mas eu, precavidamente, já me preparava para uma semana no mar. Na travessia do Atlântico, esperávamos uma semana de velejada e acabamos ficando 11 dias no oceano. Portanto, era sempre bom contar com o cenário mais difícil.

Segundo o nosso navegador, o começo da perna teria pouco vento e deveríamos aproveitar bem as correntes. Como era o contorno de uma ilha, iríamos velejar mais próximos à costa do que em etapas anteriores, e isso deveria ser determinante para o resultado da perna. O litoral da Grã-Bretanha tem muitas pedras e bancos de areia e precisaríamos velejar com atenção redobrada, aproveitando cada oportunidade para obter alguma vantagem.

A flotilha largou à uma e meia da tarde, hora local. Apesar dos ventos fracos no Solent, saímos muito bem e, na primeira hora de regata, já brigávamos pela liderança com o *ABN1* e o *Piratas*. A tripulação, além das preocupações normais, estava de olho no calendário, porque estávamos inquietos com a possibilidade de perder algum jogo da seleção brasileira de futebol, na Copa da Alemanha, enquanto estivéssemos no mar.

A seleção estrearia no mundial no dia 13 de junho, dois dias antes da largada da última perna, em Roterdã, e a segunda partida seria no dia 18, o mesmo dia em que estava marcada a premiação da Volvo Ocean Race, em Gotemburgo, na Suécia. Se não houvesse nenhum contratempo, seria possível assistir a elas. A única partida que já sabíamos que iríamos perder era o último amistoso antes da Copa, contra a Nova Zelândia. Mas isso seria bom para a união do time *Brasil 1*, já que a equipe contava com seis neozelandeses — dois velejadores e quatro integrantes da equipe de terra.

Depois de um dia na oitava perna da regata, o *Brasil 1* já estava na segunda colocação, apenas 11 milhas atrás dos suecos do *Ericsson*. Só que a falta de vento foi tão intensa que, naquelas primeiras 24 horas, os veleiros mais rápidos do mundo andaram pouco mais de 150 milhas. Quase nada se comparadas às quase 500 milhas diárias que singrávamos normalmente. Parecia que o Solent, o lugar onde tudo começou, não queria que fôssemos embora.

HOLANDÊS DE CORAÇÃO VERDE E AMARELO

A vitória, finalmente: a tripulação vibra em Roterdã

O SEGUNDO dia de prova amanheceu calmo, com um mar de azeite, que era o prenúncio de mais uma jornada em câmera lenta. Parecia inacreditável que poucos dias antes havíamos cruzado aquelas mesmas águas com o coração na boca e o estresse nas alturas.

O oceano é realmente imprevisível. Chegava a ser uma ironia que os veleiros de oceano mais rápidos do planeta estivessem se movimentando a passos de tartaruga. Mas isso, ao invés de nos deixar menos aflitos com a competição, tornava a regata ainda mais tensa. Lógico que o barco seco, sem grandes turbulências e esforço nas estruturas, era um alívio do ponto de vista físico. No entanto, mentalmente, a falta de vento, o silêncio gigantesco do barco quase inerte e a obrigação, claro, de andar sempre na frente eram uma tortura psicológica. Existem muitos navegadores que afirmam preferir as tempestades às calmarias. E eu não duvido deles.

A oitava etapa da Volvo Ocean Race nos levava de volta, na direção do cabo Lizard, e de lá para a costa da Irlanda e para o mar do Norte, para finalmente chegarmos à Holanda. Nós saímos muito bem do Solent, com uma ótima vantagem sobre todos, mas já na primeira noite tudo havia embolado de novo. Chegamos a estar em penúltimo lugar na manhã do dia 6 de junho. Porém, aos poucos, fomos acertando e chegamos junto com o *Ericsson* e o *Piratas* ao cabo Lizard, com uma pequena vantagem sobre eles. Apesar de estarmos na frente, na hora H paramos em um buraco de vento, e os dois passaram entre nós e as pedras próximas ao farol, nos colocando de novo em terceiro.

Isso era a tradução perfeita daquela etapa oceânica: uma regata dura, de mudanças freqüentes de posição, com pouca, ou quase nenhuma, margem para erros. Nossos ou dos nossos "inimigos". Como se costuma dizer no esporte, a vitória seria decidida nos detalhes. O fato de estarmos em um barco de desenho feito por Bruce Farr nos dava a vantagem teórica sobre os holandeses nos ventos muito fracos. Só que, àquela altura, nosso briga mais direta era pelo segundo posto geral, contra outro Farr VO70, o *Piratas*. Era preciso caprichar. Além do mais, com a brisa intermitente vindo em rajadas que ora agraciavam um barco, ora outro, o fator sorte também contava pontos.

Após três dias de etapa, os veleiros ainda estavam na costa da Irlanda e o ritmo era dos mais lentos da história da regata de volta ao mundo. Idealizada para durar só cinco dias, a oitava perna chegava ao seu terceiro dia e nós sequer havíamos percorrido um terço da rota prevista de 1.500 milhas.

Depois de contornar a famosa pedra de Fastnet, que batiza uma das mais tradicionais regatas de oceano do mundo — a Fastnet Race —, e subir o litoral da Irlanda, resolvemos velejar mais próximos à costa e a tática deu certo. Com isso, assumimos a liderança. Mas sem grandes certezas e comemorações. Todos navegavam embolados em um perde-ganha permanente no vento ainda muito fraco. A alta pressão que nos roubava o ar pelo menos deixava a temperatura mais agradável. Cheguei a fazer um turno no timão apenas de bermudas — algo incrível para aquele lugar, naquela época do ano.

A novidade a bordo foi que tivemos uma passageira clandestina. Uma pombinha inglesa que navegou conosco por um dia inteiro, comendo comida desidratada e bebendo água dessalinizada sem a menor cerimônia. O fato de estarmos tão próximos ao litoral era outra boa novidade da etapa. Quando a neblina permitia, era agradável ver as praias e os rochedos da costa passando lentamente em um cenário quase cinematográfico.

As disputas por posição estavam cada vez mais acirradas e, com ventos tão fracos, era preciso fazer ajustes permanentes no barco. Além de usar velas mais leves e maiores, com muito mais "barriga", ou seja, mais arredondadas e menos chatas, em situações de pouco vento como aquela, procuramos sempre afundar a proa do veleiro. Para alterar o equilíbrio dinâmico do barco, colocávamos na parte da frente do veleiro velas fora de uso, ferramentas, comida e até mesmo os tripulantes. A enorme proa do *Brasil 1* se transformou em uma pracinha, onde nossos amigos fora de turno ficavam horas "meditando". Sem falar no sofazão no qual se converteu uma das velas-balão, no interior do barco.

Depois de três dias, o vento resolveu dar as caras e chegou a soprar a 14 nós, mas por pouco tempo. Com o impulso extra, o campeão antecipado *ABN1* assumiu a liderança e o *Ericsson* também chegou a nos ultrapassar, depois de estarmos na frente por toda a costa da Irlanda e no começo da travessia para o norte da Escócia. Por ali, tivemos o nosso único problema técnico na etapa. Horácio teve bastante trabalho para consertar uma das bombas hidráulicas que movem a quilha basculante e demorou muitas horas para desmontar e remontar a peça. No fim, tudo deu certo e não chegamos a perder muito terreno.

O vento fraco nos ajudava a tirar melhor proveito das velas novas que havíamos embarcado na Inglaterra. O novo combustível eólico ajudou os barcos a finalmente ultrapassarem a metade do percurso previsto. A organização havia encurtado a rota em 80 milhas, numa tentativa de manter a data programada para a regata de porto de Roterdã. Com a mudança, a flotilha não precisaria mais contornar a ilha Fair, no norte da Grã-Bretanha.

Naquela noite, novamente um clandestino veio dar a bordo do *Brasil 1*. Dessa vez foi uma "tesourinha", que, depois de zanzar horas pelo barco, muito desconfiada, acabou sucumbindo ao frio e foi se aninhar atrás dos instrumentos que ficavam logo acima da cozinha. Antes, porém, ela confundiu a cabeça do Andy, nosso proeiro, com um ninho e pousou ali por algum tempo. Não posso culpá-la por isso, pois, às vezes, a cabeça dele parecia um ninho mesmo.

Depois de apenas um dia de trégua, os ventos fracos voltaram e mais uma vez estávamos velejando a quase zero nó em nossos supostos foguetes oceânicos. Isso obrigou a organização da Volvo Ocean Race a mudar de vez os planos da parada holandesa. Após uma reunião com as equipes, os organizadores da competição e da parada de Roterdã anunciaram que a regata local, originalmente marcada para sábado, 10 de junho de 2006, fora adiada por um dia. Isso se o último colocado na etapa chegasse até a meia-noite de sábado. Caso contrário, haveria mais adiamentos.

Sabíamos que aquela condição de vento favorecia nosso barco. Íamos à frente da flotilha e, animados com a possibilidade de ganhar a etapa, estávamos velejando melhor que nunca. No quinto dia de regata na oitava perna, o dia para o qual estava prevista a nossa chegada, a flotilha ainda tinha mais de 500 milhas para percorrer até a Holanda. E a meteorologia previa mais ventos fracos pela frente. Era o efeito da zona de alta pressão que estacionou sobre a Grã-Bretanha e transformou o temível mar do Norte em uma piscina quase sem ondas.

Com a mudança que a organização fez no percurso, nos desobrigando de contornar a última ilha no norte do arquipélago inglês, nós, o *Ericsson* e o *ABN1*, os líderes do momento, pegamos melhores ventos já com a proa no rumo sul e conseguimos, pela primeira vez desde a largada em Portsmouth, abrir uma vantagem significativa sobre o resto da flotilha. No boletim das 13 horas do dia 8 de junho, o nosso grupinho havia pulado de 10 para 60 milhas de vantagem sobre os outros.

Mais que nunca, estava claro que um daqueles três barcos seria o vencedor da etapa. E a alternância constante de posições entre nós três deixava tudo ainda mais dramático. Na madrugada de sexta, dia 9 de junho, assumimos novamente a liderança e, com um olho nas velas e outro nos concorrentes, conseguimos nos manter à frente até o meio-dia, quando o *Ericsson* chegou a nos superar por alguns instantes. Mais uma vez na regata de volta ao mundo, os barcos velejavam em distância visual um do outro, e nem precisávamos ver os boletins oficiais para saber quem liderava. Bastava olhar para o lado.

Apesar de toda a pressão, estávamos relativamente tranqüilos. A velejada em ventos fracos é hipertécnica e demanda um alto nível de concentração. Qualquer alteração sutil na força e no ângulo do vento tem que ser percebida e aproveitada com eficiência e calma. É a soma dessas pequenas sutilezas que se traduz em uma vantagem ou desvantagem e, sabidamente, os brasileiros, até mesmo pelas condições médias de vento em nosso país, são bons velejadores de ventos fracos. Tudo o que queríamos era confirmar essa tese.

No meio da tarde de sexta-feira, com nossa previsão de chegada para a manhã de sábado, o vento começou a aumentar. Naquele momento, estávamos em primeiro. Apenas 2 milhas na frente dos suecos e 4 na frente do *ABN1*. O vento médio passou de 9 para 12 nós e rapidamente chegou aos 15 nós. Sabíamos que esse vento, no ângulo que vinha, por trás e pela lateral, era justamente o preferido do *ABN1*. Sabíamos também que o *ABN1* estava louco para coroar a sua vitória na Volvo Ocean Race 2006 nas águas de Roterdã, a cidade-sede do seu time e berço do banco que patrocinava a equipe.

Por tudo isso, imaginávamos que era só uma questão de tempo até o *ABN1* ultrapassar o *Ericsson* e vir babando na nossa popa. E foi exatamente o que aconteceu. No final da tarde, o *Brasil 1* liderava e o *ABN1* vinha em segundo, a apenas 2 milhas de distância. Quase nada. E o vento aumentando. No começo da noite, quando só faltavam 20 milhas para a linha de chegada, no encontro do rio Maas com o mar, na entrada do porto de Roterdã, os holandeses já estavam a apenas uma milha. E o vento ainda aumentava.

Não é preciso dizer que nossos corações batiam forte. Que nossa adrenalina já estava a mil. A cada rajada ou soprada mais forte, era como se pudéssemos sentir o barco negro holandês naquela noite escura e chuvosa nos espreitando, pronto para dar o bote. Nós nos concentrávamos cada vez mais e, a cada manobra, procurávamos tirar o máximo do *Brasil 1* para evitar aquele momento.

À zero hora de sábado, dia 7 de junho, já era possível ver, mesmo na escuridão, o *ABN1* logo atrás de nós. Faltavam poucas milhas até a chegada e aquela seria a velejada de nossas vidas. Com muita concentração e todos dando o melhor, precisamente à 1h18m42s da madrugada do sábado, o *Brasil 1* conquistou sua primeira vitória na Volvo Ocean Race, na oitava etapa, entre Portsmouth e Roterdã. A tripulação, enlouquecida, vibrou muito ao cruzar a linha. As dezenas de barcos de espectadores e jornalistas, mesmo na noite fria, responderam com urros, acenos, flashes e buzinas. Uma cena inesquecível.

O campeão antecipado da regata, o *ABN 1*, foi o segundo, a apenas três minutos de nós, e o *Ericsson* chegou logo depois, 25 minutos atrás dos holandeses. Foi a segunda chegada mais próxima da história da competição, e isso só mostrava o quanto havia sido dura a nossa conquista. Uma das mais belas de minha vida.

Mesmo em meio à comemoração, eu parecia estar vendo aquilo tudo de fora. Como se fosse um filme. Eu só tive a certeza da vitória muito próximo da linha de chegada e até ouvir o apito da comissão de regata eu ainda não acreditava plenamente naquilo. Era muito bom ganhar do *ABN1* em suas águas. Eles eram competidores formidáveis, muito rápidos, competentes e tinham, inequivocamente, o melhor barco da flotilha. Confesso que foi com uma pontinha de satisfação que colocamos água no chope deles.

A mídia holandesa, o patrocinador e toda a organização da regata haviam preparado, ali em Roterdã, a grande festa de comemoração pela conquista do time *ABN1*. Foi aí que um repórter mais afoito da TV holandesa se aproximou do navegador do *Brasil 1*, Marcel van Triest, e, forçando uma barra, perguntou: "Como você se sente sendo o primeiro holandês a chegar em casa?" Marcel disse educadamente que era também brasileiro e abriu uma cerveja. Brasil 1, Holanda 0.

APOTEOSE EM GOTEMBURGO

No pódio na Suécia, a tripulação comemora o terceiro lugar geral na regata

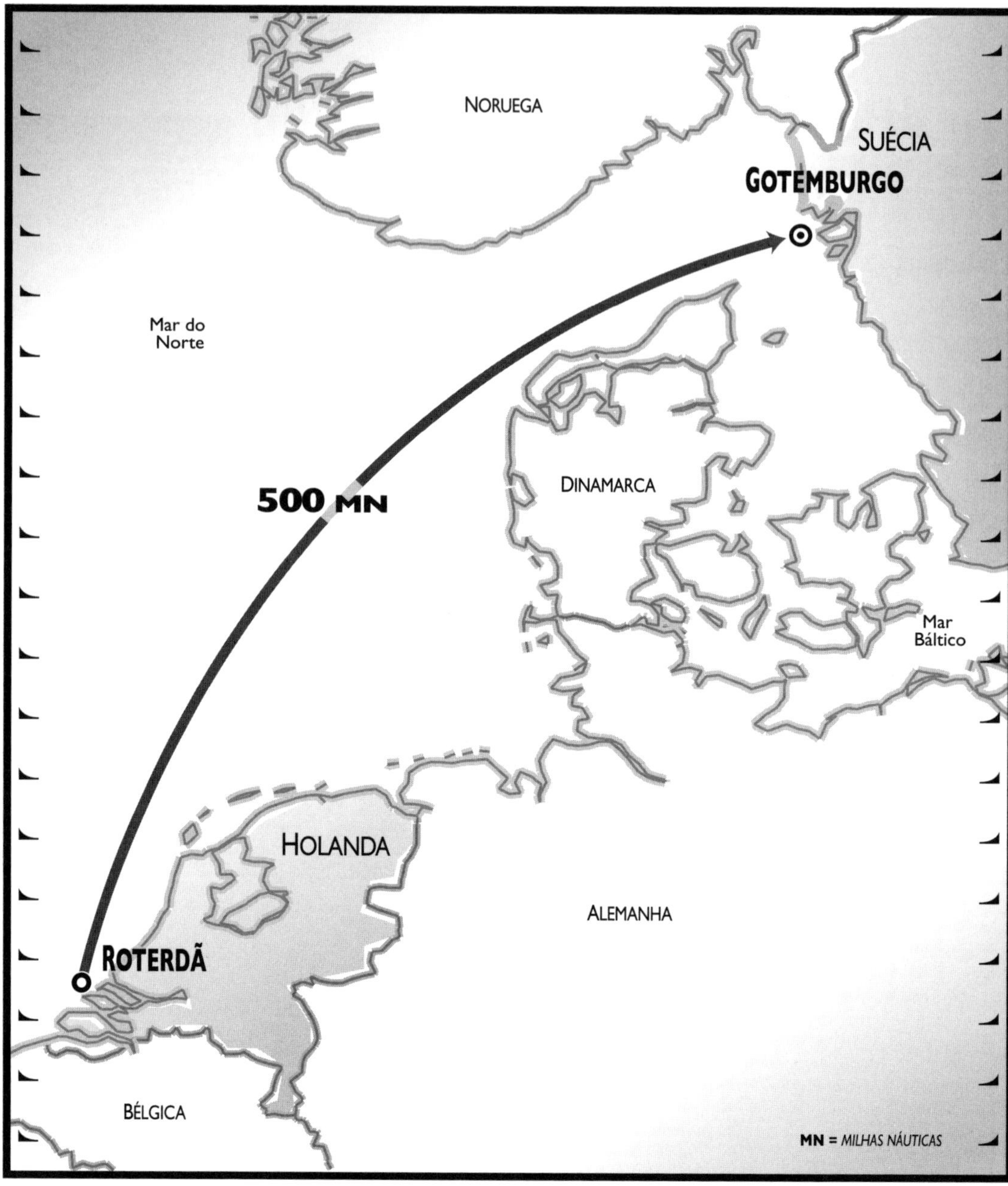

NONA PERNA: Roterdã – Gotemburgo

A CHEGADA no píer nobre na marina de Veerhaven, em Roterdã, foi emocionante. Depois de mais de uma hora subindo a motor o rio Maas, em uma verdadeira procissão marítima, chegamos ao centro da cidade e fomos calorosamente recebidos pela pequena torcida que se aglomerava na madrugada fria. Finalmente, podíamos reencontrar nossos amigos e familiares com o inédito sabor da vitória. Recebemos a bandeira vermelha que identificava o vencedor da etapa e, pela primeira vez, a içamos em um barco brasileiro. Até aquele momento, apenas o *ABN1*, o desaparecido *Movistar* e o *Brasil 1* haviam tido o privilégio.

Apesar do cansaço, físico e mental, e da alegria da conquista, sabíamos que era preciso rapidamente recolocar o foco na competição. A regata de porto estava programada para o dia seguinte e, depois dela, haveria apenas a pequena etapa para Gotemburgo e fim. Com nossa vitória e o quarto lugar do *Piratas*, demos uma encostada nos americanos e havia até a possibilidade de tirar a vice-liderança deles com uma combinação de resultados. Também garantimos que, matematicamente, o *ABN2* não nos alcançaria mais. Nossa estréia no pódio da volta ao mundo estava garantida. Missão cumprida.

Já no dia seguinte à nossa chegada, estávamos novamente “motorando” rio abaixo. A última regata local da Volvo Ocean Race 2006 iria acontecer em frente ao balneário de Kijkduin, que fica ao lado da cidade de Haia, no litoral do mar do Norte. Era mais uma chance de mostrarmos nossa força e tentar, pelo menos, ameaçar os americanos.

A regata, marcada para as 11 horas, começou com atraso porque o vento estava bastante instável. Com a brisa fraca de, no máximo, 9 nós, as perspectivas eram excelentes para nosso time. Embalados pela recente vitória, largamos bem, pelo lado da bóia, já no encalço do *ABN1*, que foi o barco que largou melhor. O *Ericsson* queimou a linha e teve que contornar a enorme e desorganizada flotilha de espectadores, de quase mil barcos, para retornar à prova.

Queríamos muito ganhar de novo e quase deu. Por duas vezes, montamos a bóia tão próximos do líder, o *ABN1*, que até parecia que iríamos atropelá-lo. Mas, infelizmente, no último contravento da regata, que foi encurtada por causa do vento fraco, tivemos que marcar o *Piratas* e deixamos os holandeses livres para finalmente vencer em casa. Chegamos felizes em segundo lugar e mais uma vez subimos ao pódio, algo que já estava se tornando usual para nós. O *Piratas* chegou em terceiro.

O resultado nos colocou apenas quatro pontos atrás dos americanos, o que significava que, para ultrapassá-los na tabela, teríamos que chegar quatro posições na frente deles na última etapa. Em uma flotilha de apenas seis barcos, era algo muito difícil, mas não impossível. E de todo modo era sempre bom manter a ambição alta e a competitividade do time aguçada.

Dali a quatro dias, na quinta-feira, 15 de junho de 2006, iríamos partir para nossa última jornada no *Brasil 1*. O barco fora vendido para zerar os gastos do projeto e seria entregue para seus novos proprietários, em Gotemburgo, porto final da regata. Antes, porém, haveria um derradeiro ritual tupiniquim. Em Roterdã, na bonita vila de regata ao longo do Maas, fizemos aquele que seria o último churrasco da equipe brasileira. E com direito a acompanhar com emoção o jogo de estréia da seleção brasileira na Copa do Mundo da Alemanha.

O jogo foi razoável e o sofrimento da torcida compensado pela boa carne, importada do Brasil, e cerveja bem gelada. O nosso churrasco acabou sendo a principal atração do dia 13 de junho. Cerca de trezentas pessoas de todas as equipes estiveram na festa e, para minha alegria, Andrea e as crianças também estavam na Holanda. Era muito legal poder estar com minha família naquele momento tão especial e fazia tempo que não nos reuníamos.

O jogo não foi propriamente um show do time canarinho, mas nossos colegas velejadores de todo o mundo puderam ter uma noção do que uma Copa do Mundo representa para os brasileiros. A Croácia não jogou bem, mas soube marcar o Brasil e por isso achei que o resultado de 1 a 0 foi bom, ainda mais considerando que a estréia sempre causa um certo nervosismo.

Eu sabia muito bem disso. Aquela era, afinal, a estréia do Brasil em uma regata ao redor do globo. E, de repente, no meio daquela festa genuinamente brasileira, tão longe da nossa terra, comecei a pensar no quanto o nosso pioneirismo e nossa coragem haviam sido recompensados. Seríamos os terceiros com certeza e ainda podíamos até sonhar com o segundo lugar na nossa primeira volta ao mundo em competição. Isso sem esquecer que o grande campeão havia mostrado estar em um nível de desenvolvimento acima dos outros. Era um carro 1.6 no meio dos carros 1.0, como falou didaticamente Marcelo Ferreira para um jornalista.

Para aquele time nacional, para aquela seleção brasileira da vela, estar onde estávamos, na posição que ocupávamos, era motivo de orgulho. Algo comparável a um triunfo olímpico, como colocou Kiko Pellicano logo que chegamos à Holanda. No meio daquela turma animada, do som de música brasileira, do cheiro de churrasco, do ambiente inteiramente verde e amarelo, senti uma enorme alegria de ser brasileiro. Uma satisfação muito especial de ter tido a oportunidade de liderar aquele time até ali. E uma sensação muito boa de dever cumprido.

A regata ainda não havia acabado, mas é claro que depois daquela última festa todos nós ficamos um pouco nostálgicos. Só não podíamos nos contagiar com o clima porque ainda havia 500 milhas a serem navegadas e era bom que as cumpríssemos da melhor maneira possível.

Na quinta-feira, depois de quase duas semanas de sol e calor em Roterdã, o tempo não colaborou com a largada da nona perna. Deixamos a Holanda com chuva e muito frio. Cerca de quatrocentos barcos acompanharam a flotilha durante as mais de 25 milhas entre a marina Veerhaven e a foz do rio Maas. A largada era na chamada "esquina da Holanda" e a despedida dos Países Baixos foi animada.

Nas primeiras duas horas após a largada, chegamos a pensar que Deus realmente era brasileiro. Com uma decisão ousada de Marcel, que morou por cerca de dez anos em Roterdã e conhecia bem aquele mar, assumimos a liderança logo após a partida. Enquanto isso, o *Piratas* aparecia em quinto lugar, à frente apenas dos suecos. Exatamente a combinação que nos daria o vice-campeonato.

Só que os americanos resolveram não colaborar. Recuperaram-se e passaram para terceiro, 2 milhas atrás do *ABN1* e 3 depois do *Brasil 1*. Com previsão de apenas três dias de duração, a nona perna era quase uma regata local gigante e todos os barcos velejavam muito próximos. Sabíamos que seria tenso.

No norte da Dinamarca, chegamos a cair para quarto lugar, mas logo nos recuperamos e voltamos para segundo, atrás apenas do *ABN2*. Com o *Piratas*, porém, uma posição atrás de nós. Assim, contornamos o norte da península dinamarquesa e apontamos a proa para Gotemburgo, a segunda maior cidade da Suécia e sede da montadora que patrocinava a regata.

Nas milhas finais, já em águas suecas, os americanos nos ultrapassaram e assumiram a segunda posição na etapa. Nos ventos fracos da chegada à foz do rio Gota, eles ainda conseguiram superar o *ABN2* e venceram a última perna, garantindo a vice-liderança geral. O barco de jovens velejadores que tanto sofrera na volta ao mundo chegou em segundo e nós chegamos em terceiro, para subir ao pódio pela quarta vez seguida e confirmar o nosso "bronze" na Volvo Ocean Race.

A chegada a Gotemburgo foi uma apoteose. Jamais em toda a minha vida eu havia visto algo parecido. Cerca de 9 mil barcos estavam no mar nos esperando, e, nas encostas da cidade, havia mais de 100 mil pessoas festejando e ovacionando cada veleiro que cruzava a linha de chegada sob a ponte da cidade. Era de arrepiar, e parecia o roteiro perfeito para coroar o nosso feito.

Quando começamos o projeto *Brasil 1*, sabíamos que chegar ao pódio já seria uma conquista. Fizemos isso com uma etapa de antecipação, vencemos uma perna e mostramos o nosso jeito de fazer as coisas. O nosso ponto de vista. Isso para mim valia tanto quanto a conquista em si. Quando zarpamos de Vigo, éramos apenas um time exótico, de velejadores "olímpicos", sem tradição no oceano. Agora estávamos entre os três melhores do planeta, na regata mais antiga e prestigiada de volta ao mundo.

Até mesmo nossos amigos estrangeiros que faziam parte do time chegaram a duvidar de nossa capacidade. O jeito brasileiro de levar a vida, de fazer as coisas, com menos rigidez e mais alegria, no início parecia errado para eles. Só depois de perceber que competência e cara feia não são sinônimos, que afinco e garra não têm nada a ver com sisudez e mau humor, eles relaxaram. Alguns, como Stu Wilson, relaxaram tanto que já queriam se mudar para o Rio de Janeiro depois da regata. Outros, como Andy Meiklejohn, passaram a sentir orgulho de serem também um pouco brasileiros.

Quando apostei em um time altamente nacionalizado, em uma equipe com o nome, as cores e a cara do nosso país, sabia que haveria algum risco. Se fizéssemos como os holandeses, que venceram a regata sem ter um cidadão de seu país velejando, ou como os suecos, que tinham as principais funções do barco nas mãos de estrangeiros, talvez fosse mais garantido. Mas, antes de tudo, eu queria que essa equipe fosse um marco para o Brasil. Que servisse para divulgar nossa nação, mas que também fosse uma plataforma para um futuro mais promissor para nossa vela.

Era gratificante ver jovens como André Fonseca e Joca Signorini timoneando o *Brasil 1* em altíssimo nível; ter o auxílio luxuoso de velejadores experientes como Marcelo Ferreira e Kiko Pellicano; ver o Horácio Carabelli mostrar que é um dos mais completos e melhores marinheiros do mundo. Era um verdadeiro luxo. Um privilégio.

Por isso, quando subimos ao palco, na belíssima festa de premiação em Gotemburgo, meu peito se encheu de orgulho e alegria. Antes daquilo eu era apenas um indivíduo vencedor, no máximo éramos eu e o Marcelo. Agora éramos um time vencedor, um time que simbolizava um povo. Um povo sofrido, que, muitas vezes, padece com sua própria falta de auto-estima.

Naquele momento, pensei nas favelas de Niterói. Nos meninos pobres que velejavam nos núcleos de nosso projeto social. Nos milhões de brasileiros que esperam uma chance que não vem. Todos eles estavam ali naquele palco conosco. Mesmo sem saber, a nossa conquista era a conquista de todos eles. O triunfo do *Brasil 1* era o triunfo dos que acreditaram em si mesmos e com lisura, determinação e alegria fizeram o melhor possível. Naquele microcosmo da vela, éramos o símbolo de um Brasil que dá certo. E era muito bom pensar nisso.

Para mim, pessoalmente, a regata tinha sido um aprendizado. Uma oportunidade de me aperfeiçoar como ser humano. A imensidão do mar e seus desafios relativizam tudo em que acreditamos. A saudade, o desconforto, a exposição permanente à enorme força da natureza, tudo isso faz de nós pessoas melhores. Faz-nos perceber o quanto somos pequenos, frágeis, parte de algo muito maior.

Depois de tantos anos de mar, de tantas competições, aquela volta ao mundo marcava o fim de um outro ciclo para mim. Ter completado a prova me dava um sentimento de que agora, sim, eu era um velejador completo, um homem completo. Se nada mais acontecesse em minha vida esportiva, eu poderia dizer que estava bom. Que eu tinha conseguido velejar bem nos três maiores desafios do nosso esporte: as olimpíadas, a America's Cup e a volta ao mundo. Ninguém poderia desejar mais que isso.

Olhando para a embarcação azul e amarela que repousava tranqüilamente nas águas do rio Gota, conversei mentalmente com nosso veleiro. Aquele barco tinha alma. Não fosse pelos patrocinadores, os construtores, o Alan e o Enio Ribeiro, ele certamente não existiria. Mas, não fosse ele um ser especial em si mesmo, provavelmente não estaríamos ali. O *Brasil 1*, o nosso companheiro de aventuras, a nossa nave de humor doce e caráter firme, era mais um amigo que deixaria saudades. Seu ventre acolhedor, sua força protetora e a enorme generosidade de nos conduzir pelo planeta não seriam esquecidos.

Ao meu barco, ao nosso barco, o *Brasil 1*, eu rendo todas as homenagens possíveis. Foi ele, nosso castelo nas batalhas oceânicas, que nos trouxe de volta à paz de nossas vidas. Ao *Brasil 1* eu dedico cada linha desta aventura.

CRÉDITOS DAS FOTOS

CADERNO INICIAL

Volvo Event Management UK Limited
fotos 1, 3, 4, 5, 10, 11, 12, 17 e 19

Luiz Doro/Adorofoto
fotos 2, 6 e 7

Equipe Brasil 1
fotos 8, 9, 13, 14, 15, 16 e 18

MIOLO

Volvo Event Management UK Limited
páginas 2, 12 (à direita), 91, 139, 151, 175, 215, 227 e 249

Luiz Doro/Adorofoto
páginas 12 (à esquerda), 13, 49, 205, 239 e 259

Héctor Etchebaster
páginas 25, 33, 183 e 195

Torben Grael (arquivo pessoal)
página 61

Equipe Brasil 1
páginas 73, 103, 115, 127 e 163

Copyright © 2006 by Torben Grael e Vela Brasil Marketing e Comunicação Ltda.

Todos os direitos desta edição
reservados à Editora Objetiva Ltda.
Rua Cosme Velho, 103
Rio de Janeiro – RJ – CEP: 22241-090
Tel.: (21) 2199-7824
Fax.: (21) 2199-7825

Capa e projeto gráfico
Tita Nigrí

Imagem de capa e contracapa
Equipe *Brasil 1* e Volvo Event Management UK Limited

Fotografias
Ver página 269

Mapas
Cida Calu

Revisão
Fátima Fadel
Rita Godoy
Raquel Grillo

Editoração eletrônica
Abreu's System

CIP-BRASIL. CATALOGAÇÃO-NA-FONTE
SINDICATO NACIONAL DOS EDITORES DE LIVROS, RJ

G764L Grael, Torben
Lobos do mar / Torben Grael ; em depoimento a Murillo Novaes. - Rio de Janeiro: Objetiva, 2008.

270p. ISBN 978-85-7302-858-4

1. Grael, Torben. 2. Velejadores - Brasil - Biografia. I. Novaes, Murillo. II. Título.

08-0360.

CDD: 927.97124
CDU: 929:797.14

Conheça mais sobre nossos livros e autores no site
www.objetiva.com.br

Disque-Objetiva: (21) 2233-1388

Este livro foi impresso na
LIS GRÁFICA E EDITORA LTDA.
Rua Felício Antônio Alves, 370 – Bonsucesso
CEP 07175-450 – Guarulhos – SP – Fax: (11) 3382-0778
Fone: (11) 3382-0777 – e-mail: lisgrafica@lisgrafica.com.br